双创时代下应用型本科实践教学体系研究

——以财务管理专业为例

主　编 / 张亚娜
副主编 / 周嫚　李永红

中国纺织出版社有限公司

图书在版编目(CIP)数据

双创时代下应用型本科实践教学体系研究：以财务管理专业为例 / 张亚娜主编. -- 北京 : 中国纺织出版社有限公司, 2020.7（2022.8 重印）
ISBN 978-7-5180-7675-8

Ⅰ.①双… Ⅱ.①张… Ⅲ.①企业管理—财务管理—教学研究—高等学校 Ⅳ.①F275

中国版本图书馆CIP数据核字（2020）第129156号

责任编辑：郭　婷　　责任校对：江思飞　　责任印制：储志伟

中国纺织出版社有限公司出版发行
地址：北京市朝阳区百子湾东里 A407 号楼　邮政编码：100124
销售电话：010—67004422　传真：010—87155801
http://www.c-textilep.com
中国纺织出版社天猫旗舰店
官方微博 http://www.weibo.com/2119887771
佳兴达印刷（天津）有限公司印刷　各地新华书店经销
2020 年 7 月第 1 版　2022 年 8 月第 2 次印刷
开本：710 × 1000　1/16　印张：12
字数：230 千字　定价：58.00 元

前 言

本书在贯彻落实国家政策方针的基础上，结合我国劳动力市场对应用型人才需求特点，以及创新创业背景下实践教学在应用型本科院校的应用型人才培养过程中所起的重要作用，对高校创新创业背景下应用型本科院校的实践教学体系进行深入研究，并以财务管理专业为研究对象，通过问卷调查、数据统计分析，并不断探索、梳理、概括已有的研究成果，尽可能地在优化现有研究基础之上提出更加适合于双创时代背景下应用型本科院校的实践教学体系，最后以西安培华学院财务管理专业为例，进行理论与实践相结合，对基于多元智能理论构建的实践教学体系进行进一步的推广与应用。全书体现了如下的鲜明特点：

一是创新性。以创新创业时代为研究背景，以应用型本科院校为对象，以全面提升学生实践能力为出发点，以多元智能理论为支撑，对实践教学进行了深入研究；并且以财务管理专业为研究对象进行了实地调研，对应用型本科院校实践教学的目标、教学内容、管理制度、校内外评价以及教学保障等方面进行了科学的优化，尽可能地完善应用型本科院校实践教学体系。

二是学术价值。目前，随着国家政策引导地方高校向应用型本科教育转型发展的进程进一步推进，高校原有的实践教学体系已经不能满足转型后学校的人才培养目标。本研究力求以创新创业为时代背景，在以往的研究基础之上厘清实践教学体系的理论内涵，并以多元智能为理论基础，围绕多元智能为应用型本科院校立足地方、办出特色、适应劳动力市场需求的应用型人才培养目标，提出了实践教学体系的优化对策建议，对应用型本科院校实践教学体系的优化推动了实践教学体系的创新和发展，丰富了应用型本科实践教学学术体系。

三是社会与经济效益。学校与地方共同培养的模式是培养应用型本科人才的一个重要途径。学校应该围绕本地区的经济建设支柱产业设立相关的专业，从而为本地区经济的发展培养适用的人才。与此同时，学校还应该加强与本地区政府之间的联系，充分利用地方资源为学校建立教学基地、科研基地以及毕业生就业基地服务。此外，学校还应该与本地区的企业建立密切的联系，与本地区的企业之间展开全方位的合作，进而服务于地方经济。

四是适用性。结合创新创业的实践教学是培养应用型人才的最好途径，只有对应用型高校实践教学体系进行改革，在实践中培养学生的创新创业意识和能力，才能使高校应用型人才的培养目的真正实现；构建实践教学体系是学生实现创新创业能力培养的基础，在双创背景下，应用型本科高校教学体系进行改革是为了适应现代高校教育理念的需求，能够让高校毕业生步入社会后具备相应的操作能力，不至于手足无措；实践教学体系改革中，只有老师做好课堂教学，有效提高教学质量，关注社会的变化，注意增强学生的实践，才能使学生的能力得到切实的提高，同时也能提高自己的专业素养。

张亚娜

2020 年 5 月

目　录

第1章 绪论

1.1 研究背景

2018 年 9 月 26 日，《国务院关于推动创新创业高质量发展打造“双创”升级版的意见》发布。该文件强调推进大众创业万众创新是深入实施创新驱动发展战略的重要支撑、深入推进供给侧结构性改革的重要途径。随着大众创业万众创新蓬勃发展，创新创业环境持续改善，创新创业主体日益多元，各类支撑平台不断丰富，创新创业社会氛围更加浓厚，创新创业理念日益深入人心，取得显著成效。但同时，还存在创新创业生态不够完善、科技成果转化机制尚不健全、大中小企业融通发展还不充分、创新创业国际合作不够深入以及部分政策落实不到位等问题。其中，关于高校教育有如下要求：“强化大学生创新创业教育培训。在全国高校推广创业导师制，把创新创业教育和实践课程纳入高校必修课体系，允许大学生用创业成果申请学位论文答辩。支持高校、职业院校（含技工院校）深化产教融合，引入企业开展生产性实习实训。”

《国家中长期教育改革和发展规划纲要（2010—2020 年）》第七章二十二条指出：“优化结构办出特色。适应国家和区域经济社会发展需要，建立动态调整机制，不断优化高等教育结构；优化学科专业、类型、层次结构，促进多学科交叉和融合；重点扩大应用型、复合型、技能型人才培养规模。”

教育部、国家发改委、财政部印发的《关于引导部分地方普通本科高校向应用型转变的指导意见》中指出：“党的十八届五中全会把创新发展作为五大发展理念之一，把创新放在了国家发展的关键地位。要打造中国经济升级版，加速产业转型升级脚步，迫切需要加大应用型人才的培养，促进形成科学完善的教育和人才结构。”因此，应用型本科院校的发展，正是顺应国家这些重大战略发展趋势，使这些转型的普通院校更好地面向地区经济发展需要培养应用型人才，进一步为全面提高学生的实践能力、岗位竞争力、创新能力，为学生未来职业生涯做好充分准备，使高等教育继续为经济社会和学生未来的发展创造更大价值。应用型本科院校作为一种新兴的本科院校，它的人才培养目标不同于高等职业院校培养的参与生产和服务的技能型人才，也不同于研究型大学培养的以基础理论研究为主的理论型人才，它是介于这两类院校中间，主要结合了以上两类院校的突出特点，不仅培养学生获得一定的基础知识，而且还须教会学生一定的实践技能。

对于这些地方高校而言，转型后要体现其应用型本科教育的办学定位，就应该落实到各项措施上，比如教学科研、人才培养、服务社会、管理工作、质量保障等方面要有一个科学准确的定位。这其中应用型人才培养的改革与创新则作为重点，而实践教学作为应用型人才培养过程中的关键环节，将会起到举足轻重的作用。

1.2 国内外研究现状

1.2.1 国外研究情况

1.2.1.1 国外实践教学概念与内涵的研究

美国实用主义教育哲学家杜威在他的《我们怎样思维》(*How We Think*, 1910 年) 中说，精神活动是行为的一种作用。理性亦即实验性智慧的作用总是通过经验加以尝试的，这里的经验便指实践。思维不是超越了经验的东西，它是由人类的行为生活中的不安与疑问而引起的，杜威认为知识是认识过程与认识结果的统一，实践促进知识的理解。

实践对个体知识的建构起主导作用。瑞士儿童心理学家皮亚杰在《发生认识论原理》(1970 年) 探讨了认识在本质上是一个主动的过程，皮亚杰认为学习者是在与周围环境相互作用的过程中，逐步获得新知识，从而使自身认知结构得到发展的。在皮亚杰看来，个体主动地参与到外部环境的实践中去，结果不断地探索，生成新的知识，这就是学习和发展。个体以及个人的知识建构是建构主义强调的两个方面，心理过程和内部建构世界知识的方式是建构主义关注的两个焦点。

伽达默尔在《赞美的理论——伽达默尔选集》(1988 年) 探讨实践与理论关系问题时，他不赞成只把实践看成是理论知识和技术的运用，而是认同将人类的各种活动都看成是实践，这种实践观是广义的实践观念。伽达默尔认为实践的内涵要比理论知识的应用或技术的运用要丰富且广泛，理论知识是在实践中不断生成、创造、更新的，理论与实践并非绝对对立，而是本然相统一的关系。

1.2.1.2 国外实践教学模式研究

（1）德国 FH“企业主导型”实践教学模式

FH 是 Fachhochshule 的英文简写，是德国应用科技大学。在 1968 年成立 FH 的时候有一份协定规定：“FH 是建立在传统的基础理论知识上来对学生进行的教育，目的是让学生最终能够顺利通过国家要求的毕业考试，在将来可以单独胜任某个职业岗位。”因此，从 FH 毕业的学生对于比较复杂难理解的理论不需要运用得很熟练，但必须要接受基础理论教育和充分的职业技能训练，使他们将来可以成为在某一专业领域中能够独立胜任某个职业活动的专业人才。

为了培养学生的技术应用与开发能力，德国的 FH 非常注重实践教学，以企业作为主导是其实践教学模式的显著特点，我们将这种特色概括为“企业主导型”实践教学。

首先，FH 对新生入学有限制，基本上要有一定时间（一般为 6 个月）的企业实习经历。没有相应企业实践的学生，一般需要一定时间的企业实习才能进入应用技术型大学。其次，新生进入学校之后根据学校安排接受系统的实践训练，这一过程也与企业联系紧密。以汉诺威应用技术型大学的机械制造专业为例来介绍其实践教学的特色。该专业修业年限 4 年，总共 8 个学期，其中两个实践学期都要在企业进行教学。第一个实践学期为第 6 学期，学生到相关企业熟悉机械制造基本流程，掌握生产过程的基本技巧。第二个实践学期为第 8 学期，这一次企业实践与上一次有所不同，主要采用顶岗形式，学生不仅仅是作为一个旁观者观察具体生产流程，更要作为一个参与者来真实地体验、操作。最后是 FH 对学生考核、评价，特点也是有企业人员参与其中。企业指导老师也作为实践教学质量评估小组的成员，他们和学生的校内指导老师相互配合，为学生的实习表现以及实习成果出具相关证明。

FH 不仅实习环节与企业联系紧密，其他实践教学环节甚至理论教学也与企业保持着密切联系。平时在理论教学方面，为了使学生能够迅速牢固地掌握知识，增强课程内容与社会实际的衔接，教师多半会结合一些企业生产案例讲解。在科学研究方面，FH 也会与企业开展合作，从关系到企业生产或者是经营销售的难题、困惑中选择研究项目，开展应用型研究，这时 FH 也是企业创新发展、提高生产效益的“智库”。在优化教师队伍结构、强化教师整体素质这一块，FH 最大的特色是强调教师的实践能力，注重教师企业工作经历。FH 对学校专职教授聘请很严格，应聘者要具有教师与工程师双重素质。要成为 FH 专职教授，不仅要有高校毕业文凭（通常要求博士学位，艺术类专业除外），还要有杰出的教学才能，要在“在科学知识和方法的应用或开发方面具有至少 5 年的职业实践经验，其中有 3 年在企业”。另外，FH 还鼓励教授与企业紧密合作，每 4 年可以申请一次 6 个月的学术假，到企业进行调研了解企业生产情况。除了专职教授外，学校还聘请一些工程技术人员作为兼职教师，在兼职教师聘请上，学校看重的不是学历而是丰富的实践经验，这些教师长期工作在生产、管理一线，能够及时把最新的生产管理技术补充到教学中，这样一来就能够有效避免教材内容老套以及由不及时更新造成与市场需求不符的缺陷。另外，兼职教师的补充还有助于增进学校与企业的联系，为产学合作提供契机，有利于学校从企业获得资金支持以及学生就业。另外值得一提的是，这种“企业主导”实践教学模式的成功很大程度上得益于德国政府支持。政府在校企合作中扮演着重要角色，通过建立体制、机制，提供优惠条件，颁发制度、文件，建立行业培训咨询委员会等方式，密切学校、企业之间的联系，使企业能够并且在为社会输送应用技术型人才过程中起到不可或缺的作用。

（2）德国的“双元制”模式

双元制指的就是培养学生的主体是二元的：一元主体是学校，二元主体是企业。双元制对学生的培养同时发挥了两个主体的重要作用，一元主体学校保障学生能够学到丰富的理论知识，二元主体企业锻炼了学生的动手能力，培养了学生的创新精神。这样学生毕业后可以既能从事科学研究的工作，也可以在企业中找到自己的位置。

所谓“双元制”（Dual System），指的是一种私人办的企业作为“一元”，与国家办的学校作为另“一元”，合作培养技能人才的职业教育制度。起源于德国高中阶段的“双元制”职业教育的经费投入，企业承担约 2/3，国家承担约 1/3。2012 年，根据联邦职业教育研究所、德国联邦统计局和德国联邦劳动署的统计，德国第二阶段（即高中阶段）各类学校（包括主体中学、实科中学和完全中学）总的毕业生中，约 65% 的年轻人选择接受“双元制”职业教育。若按照接受“双元制”职业教育的新生计算，则 2011 年接受“双元制”职业教育的比例为 56.9%。这种由国家法律约束的正规的职业教育制度，其学习年限依据职业的不同分为 2 年、3 年或 3.5 年三种。受教育者在与具有从事职业教育资格的企业签订《职业教育合同》后，每周 3 ~ 4 天在企业学习，1~2 天在职业学校学习。在整个学习期间，由企业给予其生活津贴（注意：不是报酬，“报酬”是对工作付出的补偿，是要上税的，而“津贴”是对非正式劳动力的生活补贴，是不上税的）。

企业作为“双元制”职业教育体系的主要学习地点，必须按照德国《联邦职业教育法》的规定，与接受“双元制”职业教育的青年签订公法范畴的《职业教育合同》，并根据《职业教育条例》规定的全国统一的资格标准及相关教学内容，进行基于工作（工作岗位、工作过程）的学习，培养学生的职业能力。由于技术和劳动组织的最新发展被引入企业工作过程，学习就不仅与企业职业实践紧密结合，而且还与经济和社会发展现状适时结合。学校（职业学校）作为“双元制”职业教育的重要学习地点，必须遵循各州《教育法》和德国《各州文教部长联席会议》与联邦政府签署的各项框架教育协议，按照与《职业教育条例》配套的《职业教育框架教育计划》，通过基于工作过程的课程，传授与职业实践相关的专业知识和普通文化知识（社会、法律、外语、体育等），以使学生获得完整的职业行动能力，实现对企业学习必要的系统性补充。在德国，所有企业都有资格开展职业培训，但并非所有企业都有资格从事职业教育。只有经行业协会按照《联邦职业教育法》的资质标准审查认定后的企业，才能开展“双元制”职业教育。这样的企业被称为“教育企业”，因其已由营利导向的企业转换为承担社会责任、培养职业人才的企业了，从而具有至高无上的社会地位和声誉。这意味着，教育机构也由学校扩展至企业。作为一种正式的教育机构，企业在“双元制”职业教育中发挥着主体作用。目前，德国只有 20%~25% 的企业具有从事“双元制”职业教育的资格。

这些“教育”企业必须根据经济、社会和企业发展的需要招收“学生”。经过对个性心理与倾向进行职业适配度测试后被企业接受的青年，都要与该企业签订有效期与学习年限一致的《职业教育合同》，其内容包括学习专业、学习年限、起止时间、学习内容、试用期、生活津贴（涵盖医疗、失业、养老、工伤保险）等。此外，这些“教育”企业还必须按照《联邦职业教育法》规定，确保学生在职业学校里的学习时间。需要指出的是：该合同不是招工合同而是教育合同。学生学习结束并通过行业协会的考试获得行业协会颁发的职业资格证书后，合同即终止，此时学生可自由选择其最终就业的机构而不受该企业的约束。学生即使不选择在与其签订教育合同的企业就业，也无须归还该企业在学习期间为学生支付的所有费用，并且当其他企业雇用该企业培养的学生时，也无须向该企业支付相关培养费用。

综上所述，从法律维度来说，“双元制”职业教育是企业与职业学校在各自必须遵循的法律的基础上合作培养技能人才的职业教育模式。从经费维度来说，“双元制”职业教育是企业与国家各自分担职业教育经费并合作培养技能人才的职业教育模式。而从教学维度来说，“双元制”职业教育是将在企业里基于职业实践的学习，与在职业学校里基于工作过程的专业知识及普通文化知识的学习紧密结合，培养技能人才的职业教育模式。

“双元制”职业教育是以企业为主体的职业教育制度。从经济性考虑，企业必须营利；而从教育性考虑，学校必须育人。如何在满足企业功利性的需求与满足学校公益性的需求之间寻求平衡，德国“双元制”职业教育给出的答案，或者说所确定的准则是：通过教育调节，包括法律法规的约束，使得以企业为主体的职业教育体现教育的人本性目标。

在国家管理层面，“双元制”职业教育必须遵循三个原则：

一是“双元性”原则。所谓“双元”，指的不只是在形式上的，更重要的是在内涵上的“双元”：不仅强调在办学与教学等微观层面上的企业与职业学校的结合、实践与理论的结合、工作与学习的结合，而且强调在管理与运作等宏观层面上的经济部门与教育部门的结合、私人积极性与国家积极性的结合、劳动市场需求与职业教育供给的结合。

二是“协调性”原则。所谓“协调”，指的是与职业教育相关的各个利益群体，不仅涉及企业的雇主和雇员的利益诉求，而且涉及联邦政府与各州政府的利益指向，强调只有在所有利益相关群体：企业主、工人、地方（州政府）和国家（联邦政府）在职业教育发展与改革的基本问题上取得协调一致的意见后，相关决议才能执行。例如，由德国教育与研究部和德国联邦职业教育研究所每年合作编制的《职业教育年度报告》，都要征求设在德国联邦职业教育研究所且由上述四方代表组成的“主管委员会”的意见与表态后，再由德国联邦政府发布。

三是“差异性”原则。所谓“差异”，指的是职业教育的受教育者，在经过职业适配度的测评后，不仅要对“被社会忽略的人群”（对那些学习能力较差的弱者、残疾人以及移民和女性等，视其为社会不利群体而应视为“被社会忽略的人群”）提供更多接受职业教育的机会；而且还要对于那些实践动手能力强的年轻人（应视其为技能的“天才”“精英”），通过实施“职业英才计划”以及优秀毕业生嘉奖等项目，出台多种激励措施并培养其成为高素质技能型人才。

在教育教学层面,“双元制”职业教育则遵循职业性原则。所谓“职业性原则”指的是：任何职业劳动和职业教育都是以职业的形式进行的。这意味着，职业劳动不仅规范了职业劳动的维度（地点、范畴、资格、地位等），而且也规范了职业教育的标准（专业、课程、教学、考试等）。职业性原则的具体体现为：教育思想以职业能力为目标，专业设置以职业需求为依据，课程开发以工作过程为主线，教学实施以行动导向为原则，考试考核以职业资格为准绳。

作为一个联邦制国家，组成德国联邦的16个州享有文化包括教育的主权。所以“双元制”职业教育中的职业学校，由各州教育或文化部管辖，因此涉及各级各类教育和学校的立法权在各州；而“双元制 ”职业教育中的企业职业教育，则由教育部依据《联邦职业教育法》的权限予以指导，因而涉及企业职业教育的立法权在联邦。基于此，尽管“双元制 ”职业教育的主体是企业，但作为一种教育类型，其教育目标是对受教育者的职业能力开发，即“个体在职业、社会和个人情境中能正确地思考并能在行动中承担个体责任和社会责任的行动能力，包括专业能力、方法能力和社会能力”，其本质是一种教育调节的以企业为中心的职业教育制度。

（3）加拿大“能力中心的课程开发型”实践教学模式

CBE(Competency Based Education) 是加拿大目前开展的一种实践教学模式，目前世界上实施这一模式的国家非常多。这种教学模式主要以能力培养为中心，以能够满足岗位需求为基础，根据学生未来将要胜任具体某个岗位必须具备的专业理论、实践操作能力进行专业课程的开设，教学计划的制订，过程的管理与实施，包括对实践教学的方法和内容的选择、评价办法的运用等。以确保学生不仅可以获得胜任某个专业岗位的技术能力，又可以把课本知识与实践相互联系起来。

根据CBE模式确定实践教学内容有一定的程序。第一步是，形成DACUM专门委员会，在确定了要分析的某种职业以后，聘请一些长期从事该职业且实战经验丰富、热心教育事业的专家形成专门委员会，人数在10 ~ 12人。第二步是，根据所选定职业做出具体而详尽的分析，从而得出从事此种职业所需哪些综合能力以及专项技能，最终形成一个图表，图表内容涵盖具体任务及其相应工作领域、评价标准等。第三步是，依据 DACUM 图表划分教学单元，单元内容按照由易到难的顺序排列，按照逻辑体系将若干单元组合成一门课程，然后从所确定的课程中详细划分类别，最终确定教学计划。第四步是，选择将要使用的教学方法以及根据教学内容敲定合适的评价方案。通过以上分析可以看出，加拿大 CBE 实践教学的开展比较规范，有着严格的步骤程序划分，而且实践教学与社会具体职业相对接，对学生实践能力的训练有很强的针对性。 CBE 实践教学在运行中有如下特点:首先是以能力为本位。CBE 实践教学以职业能力分析为基础，培养目标、评价标准的制定要以实践能力为中心，学生实践技能经过考核并予以认定的，可以适当缩短学习时间。其次，学生为主体，教师为主导。CBE 强调学生在学习中勤于发挥主观能动性，要经常对自己的学习过程、效果做反思评价并找出可以改进的地方以便总结提高；教师作为学习的“引路人”，在学生实践能力锻炼中起指导、辅助作用。最后，“教”“学”方法灵活多样。CBE 模式支持学生选择符合自身特点且高效的“学的方法”，而教师则要依据学生学习程度的不同选用相应的“教的方法”。

（4）英国“资格证书体系推动型”实践教学模式

英国的职业技术教育的开展以及实践教学体系的实施都是依靠着国家资格证书体系来推进的。目前，英国已经建立比较完善的资格证书体系，主要包括 NVQ(National Vocational Qualification，国家职业资格证书)、GNVQ(General National Vocational Qualification，普通国家职业资格证书) 和 GCE(General Certificate of Education，普通教育证书)。这其中，NVQ 主要面向在职工作人员，依据申请者工作能力凭证评估颁发，而 GNVQ 主要在职业学校中推行，是一种“为培训、继续教育和高等教育打基础的教育”，一般来说，经过一段完整 GNVQ 课程学习之后，学习者可以熟练地掌握工作中所必须具备的常用知识，能够运用一些基本的职业技能。NVQ 和 GNVQ 涵盖大部分职业领域，划分不同的技术等级，每个等级又详细规定该等级的技术能力标准。NVQ、GNVQ 和 GCE 三者之间各成体系又相互联系，各种证书之间按照一定条件可以互换。

这种由职业资格认证推动实践教学的模式，到现在已发展得比较成熟，也有它独具特色的优势所在。“除了有助于为政府的职业资格认证制度提供参考外，更多是以结果的角度对实践教学过程提出了要求”，为应用技术型大学确定实践教学内容提供了标准，促使学校将实践教学与社会生产实际结合起来，确保学生实践技能训练的针对性。比如，对于 GNVQ 来说，每一个 GNVQ 都对应着一个职业领域，并且都规定了相应的职业等级，都有详细的职业技能要求以及严格的评分标准，学校可以按照对应的 GNVQ 来设定教学内容、方法以及确定适合的评价标准。学生在学校经过实践训练之后，有利于考取相应的 GNVQ 证书，为以后无论就业还是继续接受教育打下坚实基础。

英国“资格证书导向型”实践教学呈现出一些特别之处：第一是以能力为基础。职业资格证书是一项技术能力证明，是一种对能力的资格认定，而以职业资格证书为导向的实践教学是按照资格证书所设定的能力单元、能力要素及具体操作要求进行的，必然也会呈现出重视能力的特征。第二是强调从做中学。国家职业资格认定强调在工作中锻炼实践技能，注重在实践中学习，在实践中增长才干，因此与之对应的实践教学必然强调在做中学。第三是注重效果。对学生实践成绩的评定主要取决于其在具体任务中的现实表现、工作效果等。

（5）澳大利亚的“TAFE”实践教学模式

TAFE（Technical and Further Education）是澳大利亚职业教育培训的缩写，称为新型现代学徒制度。TAFE 模式的核心是“以职业能力为本位”，开设课程具有针对性强、实用性强的特点，课程内容也会结合生产实际及时修订。在学生学习过程中学生在生产一线进行工作本位学习的时间与在学校进行学校本位学习的时间比例为 8：2。同时，TAFE 要求专职老师要定期进入企业或行业内进行专业岗位的实践，让他们要时刻关注产业界的动态。

1.2.1.3 国外大学实践教学改革策略研究

早在 1983 年艾尔贝兹就提出了提高实践教学质量的方法，艾尔贝兹从教与学的学术出发，将教师同实践教学有效组织联系起来，关注实践知识价值，提高教师实践知识储备。之后，莱夫认为实践教学应创造实践共同体，将师徒关系转换成学徒关系，塑造学习情境。古茨克米德借鉴瑞士和德国的双轨制培养模式，提出教学学期与实习学期划分，从而提高实践教学的质量。

现代国外大学重视产学研合作和校企合作的实践教学模式来提高实践教学质量，国外大学在培养学生实践能力方面，无论是工程实习、项目设计还是科研训练、实验等，都与社会实际情况紧密联系，源于社会，用于社会。在课程设置与课堂教学方面，增加课程设计和实践教学环节的比例，如慕尼黑工业大学土木工程专业的理论教学和实践教学所占课时比例约为 2：1，其中仅设计一项就包括大约 75 学时的专题研讨、150 学时的项目设计和 3 个月的毕业设计。

1.2.1.4 关于实践教学方法和方式的研究

国外高校实践教学的方式、方法比较丰富，总体的特点是注重将学生动手和动脑结合起来，既注重实践能力的培养又注重创新能力的开发。德国的职业教育在世界上最为发达，实践教学的方式方法可以为应用型本科转型院校提供启发。张晋在其博士学位论文里详细介绍了德国高职教育中最具代表性的实践教学方法，主要有模拟公司、项目教学、行动导向教学和引导探究教学。向梅梅、刘明贵研究了实践教学中案例教学法、模拟教学法、项目教学法、现场教学法，并指出教学方式方法要因时、因地、因人制宜。赵昕阐述了传统双元制模式的弊端后，介绍了一种新兴的实践教学形式，即“学习岛”，它指“设立在企业实际生产环境中的一个工作区域，无论从空间上还是组织上它都是真实生产过程中的一个组成部分”。文章以德国奔驰汽车公司的“学习岛”实施为例，探讨了“学习岛”这一新兴教学方式所产生的背景、特点及成功实施的条件。

1.2.1.5 关于创新创业方面的研究

国外高等院校创新创业教育已经发展成熟，各个院校各有自己的特色，自成一套系统，取得了良好的教育成果。其中百森商学院和斯坦福大学的创新创业教育就非常有代表性。以下着重介绍百森商学院的“创新创业课程”以及斯坦福大学的“产学研一体化”的教育模式。

（1）以“创新创业课程”著称的百森商学院

百森商学院作为全球最著名的创新创业管理教育及研究的最高学府，在创业学领域一直处于领先的地位。百森商学院以“强化意识”为主要指导思想，帮助学生在创业过程中提升思维方式、冒险精神、进取心、创造能力以及把握市场变化的洞察能力。百森商学院以培养创业意识为主，通过创新性课程教学、外延拓展计划教学支撑，倡导创新创业精神，具体体现在四个方面：

第一，师资力量的优越性。百森商学院拥有 40 多名教师专门讲授创新创业课程，同时配备有相当数目的创新创业助教及老师和全职教员。学院的师资必须有企业方面的经验：风险资本家（创业投资家）、创业家和实业家、新创立企业的高级管理层。这些教师不仅拥有参与创业或者企业高管的亲身经历，同时还需要同企业保持积极的联系，通过争取企业支持，为学生带来更多的模拟实践的机会。这些经历帮助教师在教学过程中引用到具体鲜活的案例，通过真实的案例模拟和研究，帮助培养学生的判断能力和分析能力，在创新创业问题上具有更大的实战应变能力以及创新思维能力。

第二，课程设计方面的前瞻性。百森商学院的教学理念是创新创业教育，这既是一种教学课程，更是一种教育实践。创业教育不能以追求功利为目的，而应当为青年学生注入创业的“遗传代码”，因此百森商学院进行了著名的系统化课程设计，提供切合实际的教学过程。他们战略性地将创新创业教育提上教育改革进程，并开创性地提出创新创业教育模式的改革实践成果。在设计创新创业教学课程结构的时候，百森商学院将创业过程必要的创业意识、创新个性品质、创业核心能力等理念整合到创业的社会知识中，并有机结合科学教育和人文思想教育、智力教育以及社会教育。在这种整合性课程教育中，学习者仿佛置身于创业的社会背景中，关注创业的同时还了解到与创业相关的经济问题和社会问题。这种教学方式帮助百森学院从 1967 年开设创业课程以来，一直是该领域的佼佼者。

第三，课程内容体系的完善性。百森商学院创业课程体系，被誉为全美高等院校创新创业教育与课程的基本范式。早在 20 世纪 90 年代初，百森商学院就设计了一款成功的创业教学课程体系，受到广泛的好评。这种全新的创业教学体系是将创业中所需的知识融入创业过程中，使得学员有机会学到创业商机识别、企业成长学、融资与风险等基础知识和实战技能。

百森学院学生的商业课程，要求学生以团队的形式贷款启动一家公司，并且必须返回本金和利息。对那些完成学业后要开办公司的学生来说，创业强化项目是一个具有高度可选择性、高度完整性和高度实用性的项目。

这种培养方式取代了传统的分散授课方式，将知识融合实践，把原先分离开来的营销管理学、人力资源管理学、财务管理学等，经过整合输送给学员。创业实践环节的内容包括创业计划大赛、创业演讲等，从而获得创业体验。

第四，课程教学方法的探究性。创业教育课程的好坏取决于教学方法是否科学。百森商学院的教授们为了给学生们提供集趣味性与知识性于一体的教学环境，以企业所处的社会生态环境作为切入点，将创业过程中每个细节进行现场教学，使得学生们仿佛置身于创业实践中。

在这样一个良好的动态学习过程中，学生不仅会关注到创业所需的知识和技能，同时还关注与创业相关的经济问题、社会问题以及其他创业影响因素。根据实践结果所得，百森商学院采用的“以问题为重心”的教学方式深受学员的喜爱。学生积极投入到创新创业的学习中来。

（2）斯坦福大学“产学研一体化”创新创业教育模式

斯坦福大学被称为硅谷的“心脏”，在其发展过程中起到了重要的作用。相对的，硅谷为斯坦福带来了巨大的财政支持，保证进一步基础科研工作的进行。斯坦福大学十分重视实践应用和基础科研之间的相互转换，提出“产学研一体化”的模式进行创新创业教育，结合个人能力、专业特长以及相处的社会环境从创业者的角度来规划整个创业系统流程。以下就斯坦福大学产学研一体化模式的特点进行分析。

第一，追求一流的教学与科研成果。斯坦福大学十分重视教学与科研的基础性工作，重视学术研究，并致力于教学与科研的创新。斯坦福的教授认为一流的基础研究是达到一流科学研究成果的基石，而一流的科研成果必定能为推动高新技术发展起到巨大作用。斯坦福配备了全球一流的实验设备、教学设备，并聘请各个领域的专家和学者来到斯坦福，为其基础性教学和研究共同努力。这一基础性研究吸引了来自美国政府及企业的资金支持，得到快速的发展，涌现出一批又一批具有重要科学意义的教学和科研成果。

第二，开放互动式的创新创业教育。斯坦福大学一直崇尚学术自由，坚持科学研究的开放性。在这里，教授和学生可以自由选择自己的研究问题。斯坦福管理层认为，高校通过教学和科研相融合的方式培养出来的学生，对基础知识和技能掌握良好，并能有效完成知识和技术的转化。通过开放互动式的教学和研究方式，斯坦福大学收获的远远大于科学家们的专利发明。开放互动式的创新创业教育包括了多个学科之间的合作交流，将教学和科学研究有机融合，并带动企业，完成产学研一体机制的多方互动，形成一个开放式的、网络式的有效模式。学生在此过程中掌握了应用基本原理并获得了进行深入思考的能力，这种能力的培养可以产生更多更优秀的“种子”。

第三，建立大学与企业的联系。斯坦福大学持续不断地与企业发展合作交流的传统一直被保留下来，这不仅为学校获得较高水平的学术研究做支持同时还有助于社会公共服务事业的发展。企业和学校多种合作模式中，斯坦福大学首创了“科技工业园区”模式，这是一种互动互利式的关系。一方面企业得到最新的科研成果高速发展；另一方面，学校得到企业支持更好更快地完成科学研究项目，持续为企业服务，斯坦福大学和硅谷之间就处在这样互利互惠的良性循环中。斯坦福大学同企业签订长期的合作计划，不仅鼓励学校内部研究人员的科研成果商业化，而且还为企业提供不同等级和层次的教育培训服务，帮助传播最新科研成果以及培养高等技术型人才。通过斯坦福大学引入最近的科学研究成果以及尖端的技术人才，企业效益得到进一步的扩大。

1.2.2 国内研究情况

1.2.2.1 关于实践教学体系的研究

俞仲文等明确指出实践教学体系的概念有广义和狭义之分。广义的实践教学体系是由实践教学活动各个要素构成的有机联系整体，具体包含实践教学活动的目标、内容、管理和条件等要素。狭义的实践教学体系则是指导实践教学内容体系，即围绕专业人才培养目标，在制订教学计划时，通过合理的课程设置和各个实践教学环节（实验、实习、实训、课程设计、毕业设计、创新制作、社会实践等）的合理配置，建立起来的与理论教学体系相辅相成的教学内容体系。不同专业的实践教学体系内容也不同。

顾力平认为，广义的旅游教育实践教学体系是由实践教学活动中的各要素构成的有机联系的整体，具体包含实践教学活动的目标体系、内容体系、管理体系和评估体系等要素。狭义的旅游教育实践教学体系专指实践教学的内容体系，即围绕专业人才培养目标，在制订教学计划时，通过课程设置和各个实践教学环节的配置而建立起来的与理论教学体系相辅相成的内容体系。

翟轰认为，根据系统工程的理论，一个完整的体系具备驱动、受动、调控和保障功能，才能有序、高效地运转，从而实现目标。一般研究者认为，可把实践教学体系按上述四个层面分成四个亚体系，即实践教学目标体系、实践教学内容体系、实践教学管理体系和实践教学保障体系。

孟欣征认为，广义的实践教学体系是由实践教学目标体系、内容体系、管理体系和条件支撑体系所构成的整体。狭义的实践教学体系是实践教学内容体系，是人们经常在教学计划中使用的实践教学体系。根据系统工程的原理，教学系统应该具有驱动、受动、调控和保障功能，才能使整个系统有序、有效地运转，从而实现系统的目标。

吴国英认为，广义的实践教学体系是由实践教学活动中的各要素构成的有机整体，具体包含实践教学活动的目标体系、内容体系、实现途径体系、管理体系和保障体系等要素，它们各自发挥作用，又协调配合，发挥实践教学体系的总体功能。狭义的实践教学体系是指实践教学的内容体系，即围绕专业人才培养目标，在制订教学计划时，通过课程设置和各个实践教学环节的配置而建立起来的与理论教学体系相辅相成的内容体系。

易自立、卢向阳等认为，实践教学体系是由实践教学活动各个要素构成的有机联系的整体。广义来说，实践教学体系将实践教学活动作为一个系统来看待，活动的主体、客体、中介、条件和调控均属体系的范畴。从狭义的角度来看，实践教学体系主要考虑的是实践教学各个环节的优化组合。并且根据系统工程原理，实践教学体系作为一个相对独立的教学系统主要包括五大部分：实践教学动力体系、实践教学目标体系、实践教学内容体系、实践教学管理体系和实践教学条件体系。

高等农林本科教育实践教学体系改革的研究与实践课题组的研究认为，根据系统工程的原理，教学系统应该具有驱动、受动、调控和保障功能，才能使整个系统有序、有效地运转，从而实现系统的目标。因此将实践教学体系按动力层面、受动层面、调控层面、保障层面划分了教学动力体系、教学目标体系、教学内容体系、教学管理体系和教学条件体系五个亚体系。

徐琤颖指出，一个完整的体系必须具备驱动、受动、调控和保障功能，才能有序、高效地运转，从而实现目标。据此，可把实践教学体系分为实践教学目标体系、实践教学内容体系、实践教学条件体系、实践教学管理体系和实践教学评价体系等五个子体系。

综上所述，通过大量书籍和文献可以发现，前人的观点并没有太大的分歧，基本都是从广义、狭义去理解。其中，针对狭义的实践教学体系，学者们均认为实践教学体系就是实践教学内容体系。对于广义的实践教学体系，主要存在两种观点：其一是以俞仲文、顾力平为代表，他们认为实践教学体系是由实践教学活动中各要素构成的有机联系的整体；其二从系统工程原理出发，按照驱动—受动—调控—保障四方面对实践教学体系所包含的内容加以论述，仅出现四个子体系观点和五个子体系观点两种。

1.2.2.2 实践教学体系的构建

张晋认为，高职教育人才培养特点决定了必须摒弃以“理论”为核心的教学体系，重构以“实践”为导向的教学体系。当然，这种重构并非意味着在原有学科体系基础上，靠单纯增加实践教学的课时量来实现，而是以实践教学为主导因素，包括教学的观念、目标、内容、方法、评价等一系列内容的置换。

李树林的实践教学体系，是以广义的实践教学体系作为研究架构，但并不完全按照该定义所设定的目标体系、内容体系、管理体系和条件保障体系的结构来确立，它融合了狭义的实践教学体系的一些要素，从机制、环境、方法的视角构建技术本科教育体系的内容。

沈国强强调，构建实践教学体系，应把握应用型人才培养对实践教学的基本要求，特别要强调学生主动实践的实现。制订好实践性教学计划，进行实践教学环境建设，注意借助社会力量建立稳固的实践教学基地，培养和造就既有理论知识又有实践能力的师资队伍。

成胜利指出，构建并完善实践教学体系必须在科技进步和社会发展对人才的要求的背景下，以基本能力训练为基础，以综合素质培养为核心，以创新精神教育为主线。以提高学生的人文素养、品德修养和综合素质，养成有助于个人发展的良好个性品质，培养学生的科学实验能力、工程设计能力、专业实践能力、科学研究能力，培养学生的创新意识、创新精神和创新能力为总体目标。

李定清认为，实践教学体系必须考虑社会经济、科技的发展和人的个性发展对教育和教学的要求，促使实践教学体系从封闭系统向开放系统转变，主动面向社会开展实践教学活动。

吴建设、丁继安等提出，构建实践教学体系应以职业能力为核心，构建实践教学目标体系；以实践活动为主线，构建实践教学课程和内容结构体系；以学生为主体，构建实践教学运行与保障体系；提高就业竞争力，构建职业能力评价体系。

顾力平指出，通过调整教学目标、调整培养计划构建目标体系；按能力层次划分的“分层一体化”构建教学模式、构建内容体系；以机构、教学基地和人员等的管理及校内外实践教学管理的规章制度、管理手段和评价指标体系构建管理体系；以师资队伍、设备设施、实践教学环境三个重要方面构建保障体系。

以上文献，均从具体实施的角度对构建实践教学体系进行了分析。在构建的过程中，前人并没有脱离理论教学对其进行讨论，而是以理论结合实践为基础对实践教学体系进行了构建。与以往不同的是，大家都意识到了实践教学的重要性，并且将以“理论”为核心的教学体系改为以“实践”为核心，以社会需求为参考，从教学目标、教学环境、教学保障体系等方面出发，培养学生的综合素质。

1.2.2.3 目前已形成的几种具有代表性的实践教学体系

（1）“三段一体化”的实践教学体系

该体系认为实践教学体系的结构由基础能力、综合能力和应用能力组成，每个模块下又分若干个实践项目。其特点是以实践能力训练为主线，由低级到高级，由简单到复杂，逐步靠近培养目标的实践环节体系。

（2）“驱动—受动—调控—保障”的实践教学体系

实践教学体系的结构由动力层面（教学动力体系和教学目标体系）、受动层面（教学内容体系）、调控层面（教学管理体系）和保障层面（教学保障体系）组成，这是按教学系统论的原理构建的实践教学体系。

（3）“内外一体的开放式”实践教学体系

该体系认为实践教学体系的结构包括内部要素和外部要素。内部要素包括实践指导教师、实践教学内容、学生和实践教学实施；外部要素包括实践教师来源、就业机制和社会实践教学机制。

（4）“多要素综合”的实践教学体系

这是一个全方位的实践教学体系，它融合了技能的层次、分类、保障及特征。将多种要素综合起来，可以清晰地看到高职实践教学体系所包含的要素，对实践教学体系有全面的认识。

（5）“三层次、六模块”实践教学体系

三层次：一是基础层；二是提高层；三是综合层。六模块：一是基本实验模块；二是专业技能训练模块；三是专业实习见习模块；四是科研训练模块；五是综合实习模块；六是社会实践模块。

（6）“三体系、四层次、八模块”的实践教学体系

三体系：一体化实践教学体系、实践教学成果示范体系、实践教学条件支撑体系。四层次：基本素质层次、基础能力层次、专业能力层次、综合训练层次。八模块：素质拓展模块、基础能力模块、专业实验教学模块、专业综合能力模块、工程训练模块、综合实习模块、科研训练模块和科技创新模块。

（7）“四个子系统、四个平台和四个层次”的实践教学新体系

四个子系统，即实践教学目标子系统、实践教学内容子系统、实践教学管理

子系统、实践教学条件子系统。四个平台，即基本实验技能教学平台、工程技术实验教学平台、生产现场实训教学平台、课外实践活动教学平台。四个层次，即德育及素质培养层次、基本技能培养层次、综合技能培养层次、创新能力培养层次。

（8）创建“三三式”实践教学体系

即“三结合”、“三层次”和“三段培养”。三结合即教学、科研、生产实践相结合；三层次即按照基础实践、专业实践、社会实践三个层次设计实践教学内容；三段培养即校内“基础阶段”、校内教学基地“课内外结合阶段”、校外教学基地“与生产实践结合阶段”。

（9）“4+1”分层渐进实践教学体系（简称“4+1”模式）

“4+1”模式中的“4”即基础平台、业务平台、体验平台和就业平台。另外，改变过去单一的课堂教学模式，增加了网上虚拟财务管理实习。

（10）“点、线、面”实践教学体系

实践教学体系的结构包括：点（实验课）、线（课程设计、课程实训）、面（综合实训、实习）、体（毕业设计、毕业实习、职业资格证书）的系统实践教学体系。

（11）“能力为起点、四因素”的实践教学体系

本体系认为实践教学体系构架应围绕学生职业能力培养目标，实践教学体系由实践教学基地硬件、实践教学师资队伍、实践教学管理文件及实践教学文件四大部分构成，明确各组成部分的作用与职责。

整理发现，由于分析的维度不同，因而出现了不同的观点。与此同时又存在一定的共性，最终都是为了将实践教学体系各要素合理、有机地联系在一起。其中应金萍提出的“驱动—受动—调控—保障”实践教学体系是基于系统工程原理构建而成的；余有贵提出的“四个子系统、四个平台、四个层次”的实践教学体系，从系统、平台、层次三方面对实践教学进行了具体的构建，展现了不同的侧面，从不同角度对实践教学活动的具体实施进行指引，确保实践教学不断线，为培养综合型人才做了良好的铺垫；成胜利、余有贵等对实践教学体系的构建，是根据各专业的需要构建而成的特殊的实践教学体系。

虽然学者们构建出的实践教学体系框架有所不同，但都是基于系统工程原理而构建的。应金萍提出的实践教学体系与余有贵提出的实践教学体系看似有所不同，但经过详细的分析发现，两位学者提出的实践教学体系之间相互联系，即以“驱动—受动—调控—保障”为主线，以“四个子系统、四个平台、四个层次”

为展开，通过四个平台的建立，加强实践教学的实践环节，真正实现构建以“实践”为导向的实践教学体系。

1.2.2.4 实践教学体系优化

孟欣征指出，职业教育实践教学体系构建过程中必须遵从系统性要求，对实践教学体系进行整体优化设计；必须在社会经济发展、科学技术进步、产业结构转型和现代教学技术发展的大背景下进行实践教学内容、模式和方法的改革；同时要进一步创新管理机制，构建校企共同推动、共同管理，紧密联合的实践教学管理和保障体系。

李阳指出，改革实践教学体系应充分认识实践教学在人才培养中的重要地位，完善和落实实践教学计划，进一步加强实践教学师资队伍建设，加大投入力度，改善校内外实践教学条件，构建科学合理的考评体系。做到实践教学的内容要与科学研究密切结合，实践教学的方法应个性化，实践教学构架要立体化。

应金萍从硬件和软件两方面实现了实践教学体系的优化。硬件优化即实践教学设施的优化，软件优化主要包括实践教学内容的优化、师资队伍的优化、实践教学方法的优化和实践管理的优化等四个方面。

叶志攀、金佩华明确表明，工程实践教学优化的研究基本上围绕课程设置和教学改革进行，根据优化方式，实践教学优化研究大致可以分为“结构优化论”、“内容优化论”和“过程优化论”三种。

徐利平、薛元等认为，完整的实践教学体系应包括目标体系、内容体系、管理体系和保障体系，并针对四体系对实践教学新体系进行了优化。

张耘提出，优化实践教学体系，应建立“一体两翼”式实践教学目标体系，“多层化”的实践教学内容体系，“真实情境”的实践教学方法体系，“科学、创新”的实践教学考核评价体系，“软硬件”互补的实践教学保障体系。

从以上论述不难看出，大多数学者从微观层面对体系如何优化提出了各种对策与措施。部分学者认为，应从整体优化、结构优化、内容优化和过程优化等方面对实践教学体系进行优化。而在具体优化过程中仍然强调要从实践教学目标体系、内容体系、管理体系和保障体系四方面出发，结合社会发展需要对实践教学体系进行系统优化。

1.3　研究目的与意义

（1）研究目的

随着社会的发展和科技的进步，社会各行业对人才的衡量标准和要求也在不断地发生着变化。相对于一纸文凭，用人单位在聘用应届毕业生时更看重是否具有较强的实践动手能力和较高的综合素质。因此提升学生的实践能力是提高其就业竞争力的关键。

目前，应用型本科院校发展时间不长，该类院校的人才目标定位为：培养具有实践能力、动手能力和创新精神的应用型人才。因此实施实践教学是高校实现人才培养目标的重要手段，它对提高学生的综合素质，培养学生的创新意识和创新能力，使学生成为具有社会竞争力和国际竞争力的高素质人才具有非常重要的意义。

应用型本科院校在建设实践教学方面进行积极探索，但在实施过程中普遍存在理论与实践脱轨、实习模式中缺少实践课程建设，学生存在实践能力薄弱、岗位上手能力弱、就业难等问题，实践教学体系的构建对于应用型本科院校的发展至关重要。

本书以创新创业时代对人才的新需求为出发点，结合应用型本科院校的实际情况：调研分析出在创新创业的时代背景下我国应用型本科院校实践教学体系的现状与困境；合理借鉴国外发达国家的应用型人才培养中的实践教学体系；以系统论和多元智能理论为理论依据，构建出一套适合我国国情的应用型本科院校实践教学体系。

（2）研究意义

应用型本科院校办学的重要目标是培养应用型人才，而培养应用型人才的重要途径是实践教学，所以如何建立完善的实践教学体系，就成为目前我们面临的最重要的问题。

本书希望通过理论阐述和案例分析相结合的方式，对应用型本科院校的实践教学体系进行探究，不断地探索、总结、归纳、概括，构建适用于应用型本科院校的实践教学体系。因此此研究将不仅对应用型本科院校的办学实践起到一定的理论指导作用，而且有助于深化和丰富高等教育思想。

《国家中长期教育改革和发展规划纲要 (2010—2020 年)》第七章二十二条指

出："促进高校办出特色。建立高校分类体系，实行分类管理。发挥政策指导和资源配置的作用，引导高校合理定位，克服同质化倾向，形成各自的办学理念和风格，在不同层次、不同领域办出特色，争创一流。"本书贯彻落实教育纲要指导思想，积极探索应用型本科院校实践教学体系。

应用型本科院校在办学理念、师资力量、学科专业、软硬件建设、文化氛围、竞争力等方面与研究型大学相比要有自己的特色。对应用型本科院校实践教学体系中存在的问题进行分析和研究能够有助于其有效地解决这些问题、促进其健康发展，同时也有助于推动我国高等教育的变革，不管是对于促进应用型本科院校的快速健康发展而言，还是对于我国整个高等教育系统的整体发展而言，都具有重要的现实指导意义。对应用型本科院校实践教学体系的研究既是一个学术问题也是一个实践问题，对这个问题的研究与实践是指导应用型本科院校创新办学理念，办出特色，促进应用型本科院校健康持续发展的基础工程。

1.4 研究方法

（1）文献研究法

文献研究法是指收集、整合文献，并对收集到的相关文献资料进行梳理，形成对客观事物科学认识的方法。笔者利用图书馆、网络等途径大量阅读了有关应用型本科院校实践教学体系方面的期刊论文、专著、政策法规、教学管理制度等，例如对潘懋元的《我看应用型本科院校定位问题》，陈小虎、吴中江、李建启的《新建应用型本科院校的特征及发展思考》等期刊论文的研究，深入了解国内外应用型人才培养过程中实践教学体系的研究现状。

（2）调查问卷法

调查问卷法是指研究人员根据要研究的主题先前设计好相关信息的问题，发给调查对象填写来获取与研究相关的资料的一种方法。笔者通过对陕西省三所应用型本科高校展开走访，发放问卷调研。对其人才培养过程中实践教学体系现状进行调查，对获取的数据进行搜集、整理和分析，归纳总结出目前应用型本科院校实践教学体系现存的问题及原因，得出解决问题的对策。

（3）案例分析法

案例分析法也称作个案分析法，它是指研究人员选择具体的样本作为主要研究对象，通过仔细分析获取研究所需的信息的方法。本书选取了陕西省三所转型发展中的应用型本科院校作为研究案例，对其实践教学体系的现状进行分析，总结归纳其存在的普遍问题及成因，从而为科学完善并优化实践教学体系提出对策建议。

（4）访谈法

访谈法指的是研究人员根据要研究的主题编制的问题提纲，与要研究的对象展开面对面的交谈，直接获取与研究内容相关的信息的方法。根据本书的研究内容和论点需要结合调查问卷的编排，笔者设计好访谈提纲，与三所案例院校分管教学的领导、教务处的老师以及部分专业师生交谈，获得了案例院校实践教学的具体现状和不足。

第2章　双创时代下应用型本科实践教学体系理论内涵

2.1　相关概念的界定

2.1.1　双创时代

2.1.1.1　国家相关政策的提出

2015年3月11日《国务院办公厅关于发展众创空间推进大众创新创业的指导意见》中指出，“全面落实党的十八大和十八届二中、三中、四中全会精神，按照党中央、国务院决策部署，以营造良好创新创业生态环境为目标，以激发全社会创新创业活力为主线，以构建众创空间等创业服务平台为载体，有效整合资源，集成落实政策，完善服务模式，培育创新文化，加快形成大众创业、万众创新的生动局面。”“鼓励科技人员和大学生创业。加快推进中央级事业单位科技成果使用、处置和收益管理改革试点，完善科技人员创业股权激励机制。推进实施大学生创业引领计划，鼓励高校开发开设创新创业教育课程，建立健全大学生创业指导服务专门机构，加强大学生创业培训，整合发展国家和省级高校毕业生就业创业基金，为大学生创业提供场所、公共服务和资金支持，以创业带动就业。”

2015年5月13日《国务院办公厅关于深化高等学校创新创业教育改革的实施意见》中明确表示，深化高等学校创新创业教育改革，是国家实施创新驱动发展战略、促进经济提质增效升级的迫切需要，是推进高等教育综合改革、促进高校毕业生更高质量创业就业的重要举措。党的十八大对创新创业人才培养做出重要部署，国务院对加强创新创业教育提出明确要求。近年来，高校创新创业教育不断加强，取得了积极进展，对提高高等教育质量、促进学生全面发展、推动毕业生创业就业、服务国家现代化建设发挥了重要作用。但也存在一些不容忽视的突出问题，主要是一些地方和高校重视不够，创新创业教育理念滞后，与专业教育结合不紧，与实践脱节；教师开展创新创业教育的意识和能力欠缺，教学方式方法单一，针对性、实效性不强；实践平台短缺，指导帮扶不到位，创新创业教育体系亟待健全。因此，高校双创工作要强调全面贯彻党的教育方针，落实立德树人根本任务，坚持创新引领创业、创业带动就业，主动适应经济发展新常态，以推进素质教育为主题，以提高人才培养质量为核心，以创新人才培养机制为重点，以完善条件和政策保障为支撑，促进高等教育与科技、经济、社会紧密结合，加快培养规模宏大、富有创新精神、勇于投身实践的创新创业人才队伍，不断提高高等教育对稳增长、促改革、调结构、惠民生的贡献度，为建设创新型国家、实现“两个一百年”奋斗目标和中华民族伟大复兴的中国梦提供强大的人才智力支撑。

2015 年 6 月 16 日《国务院关于大力推进大众创业万众创新若干政策措施的意见》发布，开启了“大众创业、万众创新”的时代。推进大众创业、万众创新，是培育和催生经济社会发展新动力的必然选择。随着我国资源环境约束日益强化，要素的规模驱动力逐步减弱，传统的高投入、高消耗、粗放式发展方式难以为继，经济发展进入新常态，需要从要素驱动、投资驱动转向创新驱动。推进大众创业、万众创新，就是要通过结构性改革、体制机制创新，消除不利于创业创新发展的各种制度束缚和桎梏，支持各类市场主体不断开办新企业、开发新产品、开拓新市场，培育新兴产业，形成小企业“铺天盖地”、大企业“顶天立地”的发展格局，实现创新驱动发展，打造新引擎、形成新动力。推进大众创业、万众创新，是扩大就业、实现富民之道的根本举措。我国有 13 亿多人口、9 亿多劳动力，每年高校毕业生、农村转移劳动力、城镇困难人员、退役军人数量较大，人力资源转化为人力资本的潜力巨大，但就业总量压力较大，结构性矛盾凸显。推进大众创业、万众创新，就是要通过转变政府职能、建设服务型政府，营造公平竞争的创业环境，使有梦想、有意愿、有能力的科技人员、高校毕业生、农民工、退役军人、失业人员等各类市场创业主体“如鱼得水”，通过创业增加收入，让更多的人富起来，促进收入分配结构调整，实现创新支持创业、创业带动就业的良性互动发展。推进大众创业、万众创新，是激发全社会创新潜能和创业活力的有效途径。目前，我国创业创新理念还没有深入人心，创业教育培训体系还不健全，善于创造、勇于创业的能力不足，鼓励创新、宽容失败的良好环境尚未形成。推进大众创业、万众创新，就是要通过加强全社会以创新为核心的创业教育，弘扬“敢为人先、追求创新、百折不挠”的创业精神，厚植创新文化，不断增强创业创新意识，使创业创新成为全社会共同的价值追求和行为习惯。

2017 年 7 月 27 日国务院发布《国务院关于强化实施创新驱动发展战略进一步推进大众创业万众创新深入发展的意见》，指出深入推进供给侧结构性改革，全面实施创新驱动发展战略，加快新旧动能接续转换，着力振兴实体经济，必须坚持“融合、协同、共享”，推进大众创业、万众创新深入发展。要进一步优化创新创业的生态环境，着力推动“放管服”改革，构建包容创新的审慎监管机制，有效促进政府职能转变；进一步拓展创新创业的覆盖广度，着力推动创新创业群体更加多元，发挥大企业、科研院所和高等院校的领军作用，有效促进各类市场主体融通发展；进一步提升创新创业的科技内涵，着力激发专业技术人才、高技能人才等的创造潜能，强化基础研究和应用技术研究的有机衔接，加速科技成果向现实生产力转化，有效促进创新型创业蓬勃发展；进一步增强创新创业的发展实效，着力推进创新创业与实体经济发展深度融合，结合“互联网 +”、“中国制造 2025”和军民融合发展等重大举措，有效促进新技术、新业态、新模式加快发展和产业结构优化升级。创新为本、高端引领，以科技创新为基础支撑，实现创新带动创业、创业促进创新的良性循环。坚持质量效率并重，引导创新创业多元化、特色化、专业化发展，推动产业迈向中高端。坚持创新创业与实体经济相结合，实现一二三产业相互渗透，推动军民融合深入发展，创造新供给、释放新需求，增强产业活力和核心竞争力。改革先行、精准施策，以深化改革为核心动力，主动适应、把握、引领经济发展新常态，面向新趋势、新特征、新需求，主动作为，针对重点领域、典型区域、关键群体的特点精准发力，出实招、下实功、见实效。着力破除制约创新创业发展的体制机制障碍，促进生产、管理、分配和创新模式的深刻变革，继续深入推进“放管服”改革，积极探索包容审慎监管，为新动能的成长打开更大空间。人才优先、主体联动，以人才支撑为第一要素，改革人才引进、激励、发展和评价机制，激发人才创造潜能，鼓励科技人员、中高等院校毕业生、留学回国人才、农民工、退役士兵等有梦想、有意愿、有能力的群体更多投身创新创业。加强科研机构、高校、企业、创客等主体协同，促进大中小微企业优势互补，推动城镇与农村创新创业同步发展，形成创新创业多元主体合力汇聚、活力迸发的良性格局。市场主导、资源聚合，充分发挥市场配置资源的决定性作用，整合政府、企业、社会等多方资源，建设众创、众包、众扶、众筹支撑平台，健全创新创业服务体系，推动政策、技术、资本等各类要素向创新创业集聚，充分发挥社会资本作用，以市场化机制促进多元化供给与多样化需求更好对接，实现优化配置。价值创造、共享发展，以价值创造为本质内涵，大力弘扬创新文化，厚植创业沃土，营造敢为人先、宽容失败的良好氛围，推动创新创业成为生活方式和人生追求。践行共享发展理念，实现人人参与、人人尽力、人人享有，使创新创业成果更多更公平地惠及全体人民，促进社会公平正义。

2018年9月28日《国务院关于推动创新创业高质量发展打造“双创”升级版的意见》中又进一步强调，推进大众创业万众创新是深入实施创新驱动发展战略的重要支撑和深入推进供给侧结构性改革的重要途径。随着大众创业万众创新蓬勃发展，创新创业环境持续改善，创新创业主体日益多元，各类支撑平台不断丰富，创新创业社会氛围更加浓厚，创新创业理念日益深入人心，取得显著成效。但同时，还存在创新创业生态不够完善、科技成果转化机制尚不健全、大中小企业融通发展还不充分、创新创业国际合作不够深入以及部分政策落实不到位等问题。打造“双创”升级版，推动创新创业高质量发展，有利于进一步增强创业带动就业能力，有利于提升科技创新和产业发展活力，有利于创造优质供给和扩大有效需求，对增强经济发展内生动力具有重要意义。其中指出，强化大学生创新创业教育培训，在全国高校推广创业导师制，把创新创业教育和实践课程纳入高校必修课体系，允许大学生用创业成果申请学位论文答辩。支持高校、职业院校（含技工院校）深化产教融合，引入企业开展生产性实习实训。

2.1.1.2　创新与创业

（1）创新与创新能力

熊彼特（Joseph Alois Schumpeter）在其1912年出版的著作《经济发展理论》中第一次将“创新”系统地引入到经济体系中，他认为创新是建立一种新的生产函数，是把一种从来没有过的关于生产要素和生产条件的“新组合”引入到生产体系中去。为了阐释创新，熊彼特提出五种创新模式：采用一种新产品或一种产品的新特征；采用一种新的生产方法；开辟一个新市场；掠取或控制原材料或半制成品的一种新的供应来源；实现任何一种新的工业组织。

自熊彼特提出创新的概念之后，学者们对于创新的定义多种多样，但并没有统一的定义。杨远锋（2011）认为创新是在区别于常规或正常思路的基础上，通过实际行动改进或创造新的事物，这种行为能够为个人或社会带来收益的增加。创新的社会学解释是，人类为了发展，在已经拥有或者已有成果基础之上，通过理论研究或者实践，提出新的见解或者开拓了之前没有的新领域、发明了新的应用、创造了先前没有的新事物等。

本书中与创新相关的概念是创新能力，实践教学的目的之一就是为了培养创新能力。所谓创新能力从字面意思看是指实施创新行为所具备的本领或技能。在《现代汉语词典》里，创新能力指努力创新的思想和表现。在学术界，不同的学者对创新能力的理解也不尽相同。赵桂荣（2002）认为创新能力就是利用已有的知识和经验，经过一定的科学过程，从而产生新的知识、思想、方法或成果的能力。张建林（2008）指出创新能力指的是能产生某种有价值的思想、方法或产品的能力。吴巨慧（2003）认为创新能力是由知识储备、创新思维、创新个性等来组成的。

综合对于创新以及创新能力的理解，本书认为创新是指利用已经拥有的知识和经验，经过科学思维和实践过程，改进或者创造新的事物，包括新思想、方法、元素、路径、产品等。创新能力是指利用已有的知识和经验，经过科学思维和实践过程，改进或者创造新的事物，包括新思想、方法、元素、路径、产品等的能力。

（2）创业与创业能力

在《辞海》中，创业意指“创立基业”，这是一个笼统的概念。关于创业的内涵，学者们见解各异。Steven、Roberts 等在其著作《新企业与创业者》中指出，创业是一种行为，这种行为是由被感知到的机会来驱动的，而非由现有资源控制。哈佛商学院的教授杰夫里·提蒙斯（Jeffry A Tknmons）认为创业是一种由机会驱动的，需要经历思考、推理并最后付诸实践的活动。清华科技园罗建北教授认为，创业一方面是理念上和技术上的创新，同时创业是一种事业，需要经历一般的商业市场运作过程；雷家骥基于商业的角度，认为创业是在发现或者创造商业机会的基础上，通过利用商业机会，创立自己的商业组织并获得商业利润的过程。南开大学的张玉利教授从创业要素的角度指出，创业需要创业精神的个体和有价值的商业机会相结合才能实现，其实质实际上是创造性的资源整合。

综上所述，对于创业的定义虽然都有差别，但也有共识。基于以上定义，本书认为创业指的是在发现或者创造机会的基础上，通过创造性的整合资源，创立商业组织并获得商业利润的过程。

关于创业能力的内涵，毛家瑞、彭刚等认为，创业能力是一种综合能力，是一种特殊的创造力，需要具备较高的综合素质，创业能力需要专业职业能力、经营管理能力和综合性能力的有机结合。严强在其《社会发展理论》一书中指出，创造能力以知识、经验和技能为基础，兼具综合性和创造性，其通过在创业实践活动中的负责而协调的行为来表现。申卫东（2002）从狭义的角度定义创业能力，认为创业能力指的是除被雇用以外的自我谋职、自主创业的能力。

综上，创业能力是一种综合能力，从其包含的能力种类的角度来定义，每一种定义都很难包括全面，因此创业能力的定义着眼创业本身来定义更为合适。从创业本质的角度，本书认为创业能力是指能够在发现或者创造机会的基础上，通过创造性的整合资源，创立商业组织并获得商业利润的能力。创业能力是一种主体的心理条件，表现为专业职业能力、环境适应能力、经验管理能力、决策应变能力等多种能力的综合。

（3）创新创业能力

“创新创业能力”一词虽然不属于本书标题中的核心词汇，但创新创业实践教学的目的与创新创业能力的培养有着密切的联系，实践教学的重要目的就是培养大学生的创新创业能力，因此本书对“创新创业能力”一词的内涵进行分析。

前文中分析了创新能力和创业能力，创新创业能力从字面上看是创新能力和创业能力的综合，但由于创新和创业两个词各有其内在的联系，学者们在对创新创业能力的理解上见解不一。一种观点说创新创业能力中的本质是创新，所以认为创新创业能力主要指的是创新能力；另一种观点说创新创业能力培养的主要目的是实现创业，所以认为创新创业能力主要指的是创业能力；第三种将两者结合起来，认为创新创业能力是创新能力和创业能力的综合，是依托在创新能力基础上的创业能力。想要准确界定创新创业能力是困难的，但我们可以把其放在我国高校人才培养目标的环境上，结合社会对高校人才需求的角度来理解创新创业能力。

从我国高校人才培养目标的角度，创新创业能力强调的是提高学生的综合素质，包括创新意识和创新能力、创业潜力，从社会对高校人才需求的角度来看，创新创业能力应该包含学生的实践能力、创新意识和创新能力。所以创新创业能力指的是既有实践能力、创新意识和创新能力又具有创业潜力的综合能力。

2.1.1.3 创新创业教育实践

（1）我国高校创新创业实践教学模式

通过对我国创新创业实践教学的相关文献进行整理，得出对我国高校创新创业实践教学的研究内容大致包括以下三个方面。第一，创新创业实践教学体系研究。实践教学体系包括课程体系如企业家精神、风险投资等相关课程，实验教学体系如企业经营模拟、沙盘演练等，实训实践体系如项目实施计划、各种创业竞赛活动等。第二，创新创业实践教学方式。教学方式种类较多，主要有：案例类，即通过选择案例，对案例进行分析讨论的方式展开教学；讲座类，邀请成功的创业者来学校开讲座的方式；竞赛类，即通过让学生参与创新创业竞赛的方式实施创新创业实践教学；模拟经营类，即通过模拟企业开办和经验的过程来开展创新创业实践教学，如模拟经营大赛等；创新创业实训基地、孵化园类，即学生团队在孵化园或实训基地开展实体经营的方式。第三，创新创业实践教学平台。这部分内容与实践教学体系和实践教学方式有重叠。主要的平台有课堂教学平台、校内实践教学平台、校外实践教学平台等。各个高校的创新创业实践多是将以上内容进行综合或融合，结合学校自身的特色，探索适合高校的独特模式。具体可以归纳为三种模式。

①以知识、技能为重点的创新创业实践教学模式。北京航空航天大学（以下简称“北航”）是这种创新创业实践教学的代表。北航在继续教育学院下设创业管理培训学院，成立于 2002 年。创业管理培训学院下设创业培训中心、国际合作部、创业研究中心和综合办公室。学院的宗旨是在搭建创业平台基础上提高创新创业能力。北航创新创业实践教学的特点是由专门机构负责，统一管理与创新创业实践教学相关的课程、教师、资金等的筹集和调配；同时采用的是商业化运作模式。

北航的这种实践教学模式重视知识和技能培训，主要通过知识类、技能类、平台类三种途径。知识类主要是通过开设相关创业课程，针对本科生和研究生都开设相关课程，如“创业管理入门”“创业实务”“创业财务基础”等。授课教师实践经验丰富，能够给学生带来丰富的实践经验。授课结束时，如果学生有好的创业计划，经专家审定后，可以获得学院的创业启动资金，为学生的创业提供资金支持。技能类开设有“团队训练”“拓展训练”等技能培训专题，培训相关实践技能，同时创业管理培训学院还提供各种职业认证，如物流能力等级认证、

PMP项目经理认证、IPMP项目经理认证等相关职业认证，学生可以通过考试的方式获得认证。除了以上两种之外，北航依托北航科技园以及北航孵化器，为学生提供实训平台和基地，为其提供完善的实训培训。

②以素质培养为重点的创新创业实践教学模式。中国人民大学（以下简称“人大”）是这种创新创业实践教学模式的代表。人大的创新创业实践教学模式的特点主要有两点，第一，让全校学生都能接受相关的创新创业教育。人大本着素质教育的目的，将全校的素质教育课程划分成人文素质、自然素质、艺术素质和创业素质等四个必修的模块，学生可以在每个模块选择1到2门课程作为必修课程。这就保证了全校学生都能受到相关的创新创业教育，解决了创新创业教育只针对有创业意愿的学生的缺陷。第二，将创新创业实践教学融入基础教学和专业教学中。学校设置了丰富的创新创业实践教学系列课程，将创业课程融入学生的正常教学中去，而不是只有快要毕业时才去上相关课程或者临时培训。同时在教学方式上，以案例为主导，通过案例和课堂讨论，让学生分析问题和解决问题，提高学生素质。正是基于以上两点，让人大这种实践教学的方式成为以素质培养和提升为重点的创新创业实践教学模式。

除了将课程融入学生的专业学习外，人大还通过第二课堂开展各种活动，丰富实践教学的内容，积累实践经验，培养学生的创新意识和创业能力。比如学校举办各种创业者系列讲座、创业论坛以及各种创业竞赛活动等，学生通过参与各种活动，在模拟或真实情境中发现问题、分析问题和解决问题，丰富的实践机会使学生积累了丰富的实践经验，同时培养了独立思考的能力和创新能力、团队合作能力等综合能力，使学生的综合素质得以提升。

③综合教育模式。上海交通大学（以下简称“上海交大”）是这种创新创业实践教学模式的代表。综合模式的特点是，一方面将创新创业教育融入专业教育中去，通过长期的培养和熏陶，提高学生素质；另一方面提供创新创业技能培训和技术咨询服务。上海交大主要通过两种途径提高学生创新创业技能和能力。第一，建立创新人才培养体系。创新人才培养体系以创新教育、素质教育、终身教育为基点，通过深化教学改革，形成了包括基础教育大平台、专业教学大平台、研究生教育质量保障体系等在内的综合体系。创新人才培养体系的宗旨是通过三个转变，即教学向教育转变、传授向学习转变、专才向通才转变，将创新创业教育的目的真正转移到提高学生的创新素质上来。第二，提供多样化的创新创业实

践教学平台。一方面，花巨资建立多样化的实验中心和创新基地，实验中心和创新基地面向全校学生开放，给学生提供多种实践机会，使学生积极投入到创新创业实践中去，不断积累自己的实践经验，培养自己的实践能力。另一方面，举办各种创新创业活动或者竞赛，同时鼓励学生参与校内外各种活动和比赛，并对好的计划和项目进行指导，提供资金支持，鼓励学生将创新理念或思想形成成果，实现产业化。

（2）我国高校创新创业实践教学的问题分析

①对实践教学的充分认识和重视程度有待提高。我国传统的教学模式是重理论轻实践，同时重视知识传授、轻能力培养，这种传统教学模式的影响根深蒂固，高校的实践教学在教学活动中长期处于次要地位。高校制订的人才培养方案，处于主体和核心地位的往往是理论课程的知识能力培养，实践能力培养只是辅助作用。具体表现为：第一，理论教学课时总量偏大，实践教学课时数少。表面上看起来增加了一定的实践内容，但由于其课时较少，与普通高校教学方式区别不大。第二，实践教学依附于理论教学之上，没有独立的创新创业实践教学体系。实验、实训、实习、课外活动、大赛等实践形式在内容上松散，安排上缺乏系统性和连贯性。第三，实践教学环节与现实生产活动脱节。各项实践教学环节大都依据理论教学的模式来进行设计，实践教学的目的更多地体现为对理论教学内容的掌握和巩固，并且多在校内进行，忽略了教学内容和实际工作的结合。很显然，上述人才培养模式中对于实践教学的定位已经不能满足对高校学生创新创业能力的培养要求。实践教学既是检验学生理论知识的一把钥匙，同时能够提高学生发现问题、分析和解决问题的能力，这是传统意义上的理论教学难以替代的。因此，高校应该充分认识和重视实践教学的重要性，确保实践教学在创新创业能力培养中的重要作用。

②缺乏系统完善的创新创业实践教学机制。首先从形式上，缺少完善的体系。高校创新创业教育过程中普遍存在着学科定位不清的问题，很多课程与管理学和经济学的界限十分模糊，缺乏单独的实践教学体系建设。在高校创新创业实践教学体系设置方面，必修课和选修课的开设情况也不尽如人意。部分高校的创新创业教育以业余教育活动的形式出现，如选修课、课外活动、讲座、大赛等形式，使创新创业教学具有较大的随意性。这从根本上反映了高校对于创新创业重要意义的认识不够，对于创新创业实践教学目标没有清晰的界定。直接的后果就是创

新创业教育缺少可持续性，在策划重大活动时显得如火如荼，而在平时无声无息，创新创业教育更多的流于形式，难以形成对于学生能力的培养，不利于学生就业和创业目标的实现。

缺乏将实践教学与专业教育相融合的机制。随着高校对于创新创业教育的重视程度逐渐增加，创新创业相关课程也开设得越来越丰富，但这些课程的设计与专业之间的联系较弱，没有跟学生专业教育进行很好的融合，缺乏本土化的优质教材资源。事实上，创业教育与专业教育两者之间并不矛盾，而是紧密联系、相互影响的。专业教育主要强调在某一个专门领域的精和尖，相反，创业教育需要的是宏观的教育，需要各种综合知识和能力，创业的实现往往是在综合能力的基础上在专业领域进行创新，两者之间是密切联合的。创新创业教育更多的应该是依托在专业教育之上，在专业教育的基础上进行创新创业实践教学。由于很多高校的创新创业实践教学没有很好地与专业教育相结合，没有深入到日常教学环节中，忽视了对学生创新精神和意识的培养，导致学生更多学习到的是具体的创新创业的技能，难以将创新创业的思维应用到所学专业上，因此学生创新创业成果雷同性较大，模仿现象较多，很难出现创新创业的典型性成果。

创新创业实践教学更多培养的是知识和技能而非能力。创新创业活动是一种高层次的综合性的活动，需要活动主体具备较高的综合素质和创新创业能力。而学生潜在的创造性必须通过蕴含在人文和科学知识内的文化精神，无声无息、不见形迹间熏陶而成。我国高校的创新创业实践教学更多的是知识的传授以及对于技能的培训。学生通过创新创业实践教学掌握了丰富的知识、懂得了创新创业的相关理论和操作技能，却缺少了创新创业最本质的东西——创造力。这样的创新创业实践教学无疑是失败的，不仅浪费了较多的社会资源，还容易让学生对于创新创业形成错误的认识。因此，创新创业实践教学必须建立在与专业教育、理论教学相结合的基础上，必须融入日常的课程体系中去，经过长期、持续的培养和熏陶，方能实现其目标。

③学生受众有限并且参与实践的程度不足。尽管各高校对于创新创业的呼声很高，但对于创新的关注和培养较少，对于创业的教育似乎更受青睐。究其原因，首先，创新相比创业更加抽象。创业的衡量标准比较明确具体，如成立一个有限责任公司、一个工作室等，而创新的形式多种多样，但没有创业容易衡量。其次，创新能力的培养是个更为长期的过程。实质上，创业都是建立在创新的基础上的，

创业本身是创新的一种形式，创业和创新一样需要以长期的培养为基础，但在更多人的认识上，认为创业可培训性比创新要强。总之，高校对于创业的关注更多。但目前各高校创业实践教学体系的构建，大多基于有意向创业或者正在创业的学生，受众十分有限。创业实践教学是创业教育系统的重要组成部分，但在人数本就很少的有创业意向的学生中，参加实践的更少。

从参与实践的程度上看，目前我国高校的创业教育实践教学环节较多的是通过计算机模拟或者创业竞赛之类的活动来进行的，这样的活动更多的是帮助学生掌握相关的创业知识。因为计算机模拟是属于虚拟经营，成功和失败都不会对现实产生影响，因此学生往往缺乏真实的动力，往往都是熟悉操作，记住流程而已；竞赛类的很少是真正意义上的实战，大都是分析材料或者做计划等，缺少与现实之间的深度接触。这样的实践由于更多时候是一种比赛，增加了学生为了获得证书参加活动的概率，对于创新创业本身的兴趣可能本来就不高。同时，由于没有真正放到现实的商业环境中去，学生对于创业认识的提高和创业能力的提升都是非常有限的。

④创新创业实践教学资源和平台匮乏。创新创业实践教学需要各种资源和平台才能够开展。我国目前高校的创新创业实践教学种类较少。其中最为常见的是课程教学的方式。这种方式的成本最低，操作起来也比较容易。但课程教学的方式经常出现课程老化、课程选择较少、课程授课教师缺乏实践经验等问题。整体上还是实践教学资源的匮乏造成的，包括资金匮乏、教师不足等。

我国高校创新创业实践教学的另一种常见方式是竞赛式，以“职业规划”“创业大赛”等形式呈现。很多比赛本身与真正的实践之间还有很远的距离，比赛更多的还是建立在理论知识的基础上，建立在文字基础上，对于学生的动手能力和实践能力并没有很大的提高。同时学生参与比赛往往带有很强的功利性，为了比赛而比赛，为了利益而比赛，使得比赛流于形式，并不能起到对学生创新和创业能力培养的作用。

与实际最为接近的实践教学方式是创新创业实训基地或者高校创业孵化园等。这类实践教学方式能够为学生提供最真实的经营和管理环境，让学生真正参与到实践中去。但这类实践教学方式也是高校实践教学方式中最为欠缺的。重点高校如清华、北大等高校都有自己的产业孵化基地，但很多普通高校都没有这样的条件。并且，即使有创新创业实训基地或者创业孵化园，也很难满足高校众多学生的实践教学需求，大学生人数与现有的创新创业实训基地数量和规模之间还有非常大的差距。高校创新创业实践教学资源和平台的匮乏，成为高校创新创业能开培养的重要障碍。

⑤创新创业实践教学的师资队伍支撑不够。造成这个局面的原因，一方面学生大多是接触社会实践较少的人群，大多缺少工作经验和创业经历，因此他们的创新创业意识和能力的培养依赖于社会实践经验十分丰富的教师来进行指导。另一方面，创新创业实践教学是区别于理论知识教学和专业教学的，它要求任课教师不但要具备丰富的理论知识和创业实践经验，还需要有非常广泛的知识面，对于跨学科的、非本专业的比如财务管理、心理学、管理学等学科都有着很好的基础，这对高校师资队伍建设提出了更高的要求。然而，我国目前各高校在引进人才时最为强调的是学历和科研成果，年龄越小越受欢迎。这样的人才引进机制为高校的创新创业实践教学埋下了隐患。同时，我国高校专门从事创新创业实践教学的师资队伍十分稀缺。其中一部分师资来自于一些经济管理类专业课教师，还有一部分来自于学校的就业指导中心。这些教师大多不具备丰富创新创业实战经验。这些教师的优势更多还是在理论水平和科研能力上，因此他们很容易把创新创业实践教学变成纯粹的课程化、学术化教学。而创新创业教育有一个潜在的要求，即教师作为教授的一方，本身必须是富有创新性和创造性的。如果教师本身不具备这样的能力，很难对学生产生潜移默化的影响，势必影响学生创新创业能力的培养。虽然近些年全国1000多所高校中，陆续有多名教师参加了教育部举办的创业教育骨干教师培训班，但这样的培训更多的依然是知识的培训，起到的作用是非常有限的。

除此之外，一般高校的创新创业实践教学课程都是由各个学科的老师来兼职完成的，老师的主要精力在自己的主修课以及其他科研和行政任务上，在创新创业教学方面的精力不足，不能给学生专业的指导，从而无法达到较高的教学质量。同时，由于现在高校老师大多科研任务重，工作量满，因此真正参与社会实践锻炼的机会较少，长期的高校教学生涯，金字塔内和外面世界的距离越来越大，对于社会变化的敏锐度和关注度下降。而创新创业要求必须保持市场敏感度，抓住稍纵即逝的商机。两者之间的矛盾是造成创新创业教育失败的重要原因。

2.1.2 应用型本科

进入20世纪80年代以后，国际高教界逐渐形成了一股新的潮流，那就是普遍重视实践教学、强化应用型人才培养。国内的诸多高校近年也纷纷在教育教学改革的探索中注重实践环境的强化，因为人们已越来越清醒地认识到，实践教学是培养学生实践能力和创新能力的重要环节，也是提高学生社会职业素养和就业竞争力的重要途径。

应用型本科指以应用型为办学定位，而不是以科研为办学定位的本科院校，现阶段一般包括所有的本科第一批、本科第二批录取院校。应用型本科教育对于满足中国经济社会发展，对高层次应用型人才需要以及推进中国高等教育大众化进程起到了积极的促进作用。

应用型本科是对新型的本科教育和新层次的高职教育相结合的教育模式的探索，由部分省属本科院校与国家级示范性高等职业院校、国家大型骨干企业联合试点培养适应社会经济发展需求的应用型本科专业人才。应用型本科重在“应用”二字，要求以体现时代精神和社会发展要求的人才观、质量观和教育观为先导，以在新的高等教育形势下构建满足和适应经济与社会发展需要的新的学科方向、专业结构、课程体系，更新教学内容、教学环节、教学方法和教学手段，全面提高教学水平，培养具有较强社会适应能力和竞争能力的高素质应用型人才。要求各专业紧密结合地方特色，注重学生实践能力，培养应用型人才，从教学体系建设体现“应用”二字，其核心环节是实践教学。

2.1.2.1 应用型本科概念的提出

（1）基于经济建设的需要

在经济全球化、知识经济初见端倪的国际经济发展形势下，我国进入了全面建设小康社会的发展阶段，需要大批中高级应用型人才。其主要原因是：

第一，高新技术的发展，使得生产从劳动密集型向技术密集型转变，高新技术产业逐步代替传统的产业，涌现出大批的高科技知识密集型企业。这些企业迫切需要能在一线从事科技信息含量高、产品更新快、经营管理综合性强的工作并接受过本科教育的高新技术应用型人才。

第二，现代工程日益体现出其“实践、应用、综合和创新”的特点，迫切需要能在工程链（研究、开发、设计、制造、营销、管理）中工作，可使研究工作深化、生产工艺水平和营销管理水平提高的“研究开发型”“集成创新型”“工程技术应用型”的中高级应用型人才。

第三，21 世纪的地方经济建设急需中高级应用型人才。例如，广州市

“十三五”规划需要技师 1000 人，而实际不足 800 人，其中高级技师不足 300 人。目前上海高级技工占技术工人的比例不足 7%，同时，高级技工的大龄化趋势也日益凸显，22 岁以下的仅占 3%，23～35 岁的占 40% 左右，而 36 岁以上的高级技师则一个也没有。

（2）是高等教育发展的产物

按照马丁·特罗的观点，根据高等教育毛入学率的高低，高等教育的发展大致可以分为三个不同的阶段：毛入学率低于 15% 为精英教育阶段；15%～50% 为大众化阶段；50% 以上为普及化阶段。马丁·特罗的高等教育“三段论”得到了大多数国家和学者的认同。随着我国高等教育体制改革的不断深入，高等教育的发展呈现出重组、合并与重新定位，办学形式多样化、多规格、多层次，学校的个性和特色逐渐突显等特征。探求高等教育类型的多样化和追求教育类型的合理化是世界各国高等教育改革和发展的共同趋势，“应用型本科教育”就是在这种背景下提出来的。

2.1.2.2　应用型本科教育的内涵

应用型本科教育，简单地讲，就是培养应用型人才的本科教育。主要有以下三方面的含义：

第一，应用型本科教育培养的人才属应用型人才。人才，从生产或工作活动的过程和目的来分析，总体上分为两大类：一类是学术（科学）型人才，发现和研究客观规律的人才；另一类是应用型人才，应用客观规律为社会谋取直接利益的人才。在科学原理（即客观规律）成为社会的直接利益的过程中，存在着三个转化：第一个转化，是将科学原理演变为工程（或产品）设计、工作规划、运行决策；第二个转化，是将第一个转化的结果转化为生产经营活动的工艺程序、方法，进行现场管理和智力操作；第三个转化，是将第二个转化的结果进行技能操作，形成产品和服务。在应用型人才中，把实现这三个转化的人才分别称为工程型人才、技术型人才和技能型人才。

第二，应用型本科教育的教育层次是本科教育。在我国，高职高专最早把培养目标指向应用型人才，那么培养应用型人才的本科教育与专科教育的区别是什么？从现象到本质的区别主要有：①在监控体系上，本科教育接受的是《普通高等学校本科教学工作水平评估方案（试行）》，而专科教育接受的是《高职高专院校人才培养工作水平评估方案（试行）》；②在学术要求标准上，应用型本科教育一般授予学士学位，而专科教育一般不授予学位；③在终身教育上，受过本科教育的学生比只接受过专科教育的学生更易考取研究生；④在教学计划的专业难度上，应用型人才的本科教育比专科教育的要求更大。我国高等教育法规定，专科教育应当使学生掌握本专业必备的基础理论、专门知识，具有从事本专业实际工作的基本技能和初步能力；本科教育应当使学生比较系统地掌握本学科、专业必需的基础理论、基本知识，掌握本专业必要的基本技能、方法和相关知识，具有从事本专业实际工作和研究工作的初步能力。一些高新技术工艺、数控机床的操作、IT 软件和制作生产等工作岗位对人才的要求，是一般的高职高专教育所不能满足的，需要本科教育。

第三，应用型本科教育的培养目标指向高级技术型人才或初、中级工程型人才。教育层次与人才层次具有对应性。国际常采用“职业带”（occupation spectrum）理论来解释教育层次与人才层次的对应性。这一理论以工业职业领域为例，将各类工业技术人才的知识和技能结构用连续的职业带来表述。每类人才占有一块面积，从 A 到 B 为技术工人区域，C 至 D 为工程师区域，E 至 F 为技术员区域。技术员地位居中，称中间人才（middle man）。由于职称与职务和工作岗位并无明确的一一对应关系和界限，因此，职业带中存在着既可以由技术工人也可以由技术员承担的岗位区域；也存在既可以由技术员也可以由工程师承担的岗位区域，即各类人才在职业带的交界处是重叠的。把分别培养技术人、技术员、工程师这三个系列人才的学制相应地称为“职业教育”（vocational education）、“技术教育”（technical education）、“工程教育”（engineering education）。现在，职业教育和技术教育在国际上称为技术和职业教育与培训（TVET）。应用型本科教育的培养目标就是指向职业带中的 CF 区域，它是技术员与工程师的交叉区域，即高级技术型人才或初级、中级工程型人才，他们属于中高级应用型人才。应用型本科教育从事的就是技术教育与工程教育在本科教育层次上交叉部分的教育。

应用型本科教育的含义决定了应用型本科教育具有以下基本特征：

第一，应用型本科教育的培养目标主要指向技术师、工程师、经济师、经理，经过应用型本科教育的毕业生，具备相应领域的综合职业能力和全面素质，他们生在基础理论、专业理论知识和实践技术技能各方面具有综合应用能力，适应社会行业（职业）或技术岗位技术水平提高和知识能力结构多样化的需要。

第二，应用型本科教育的专业设置具有行业、职业或技术的定向性和地方性。

应用型本科教育的专业设置，是在相对稳定的学科基础上针对工程技术、应用技术、职业岗位（群）设置专业（专业方向），以利于毕业生适应千变万化、日新月异的职业岗位，具有行业、职业或技术的定向性或地方性。

第三，应用型本科教育的教学计划以教会学生掌握技术应用能力或胜任工作岗位任务为主线设计培养方案。教学内容以职业岗位或工程技术领域的需要为出发点，在满足某一专业的学科理论的基本要求上，以生产现场正在使用和近期有可能推广使用的技术为主要业务范围，具有应用性、针对性和实用性。公共基础课和专业基础课的教学内容以适应终身教育为度，专业课的教学内容针对性和实用性加强。实践性教学环节，以培养学生的技术应用能力和智力技能为目的，在教学计划中占有较大比例，其中又以实践为重，要求实践教学时间应占教学总周数的三分之一以上，以使学生有针对性地获得较为系统的基本技能训练和专业技术训练。

第四，应用型本科教育的培养条件必须具备双师型师资队伍和实习实训条件。双师型师资队伍的建设是提高应用型本科教育教学质量的关键，要求教师具有理论知识和实践经验。为了保证应用型人才特定培养目标的实现，还必须要有相应的实习和实训条件，可供学生进行现场实习、技术应用、反复训练。

第五，应用型本科教育的教育途径必须走产学研结合之路。学校与社会用人部门紧密联系、师生与实际劳动者紧密联系，理论联系实际，进行产学研合作，这是应用型本科教育的目的要求和培养高层次应用型人才的基本途径，也是应用型本科教育重要且十分突出的特征。

2.1.2.3　应用型本科与学术型本科的区别

应用型本科教育和学术研究型本科教育都是中等教育之后的教育，是我国高等教育体系中的重要组成部分，主体功能与社会功能具有一致性，但二者之间也存在着许多的区别。

（1）人才定位和任务职责不同

学术性研究型本科突出理论教学，强调的是较强的系统理论基础，要求学生基础理论扎实，工程技术全面，注重理论和理论创新能力的培养，毕业后主要从事本学科领域的初级研究、产品设计与开发工作。毕业生的岗位往往是创新的岗位，如行业的设计研究院、大型企业的研究开发中心、技术开发部等。应用型本科教育主要培养技术工程师、技术管理人员和技术研究人员等人才，主要就业岗位应是科研院所的试验基地、生产施工企业的生产调度、技术设计室等，承担系统或设备的安装、运营、管理与安全工作。这里要特别指出的是，应用型本科主要培养高科技部门、技术密集型产业的高级工程技术应用型人才，并担负培养生产第一线需要的管理者、组织者以及职业学校师资等任务，与高职高专培养的一般企事业部门的技术应用型人才，尤其是培养大量的高级技术工人，是有着本质的区别的。

（2）人才培养规格内涵不同

学术型本科培养的人才要求“厚基础、宽专业、强能力、高素质”，要有较高的文化素养和科学精神，有较强的创新意识，有突出的外语能力，有相当一部分的学生可以升学受到研究生教育。应用型本科教育除学术型本科的一般要求外，要突出“能设计、会施工、懂管理”的应用型人才特点，要掌握本行业生产原理和操作技术、管理运行技术营销与服务技术、商务谈判技术等。

（3）专业设置基础不同

学术型本科主要是学科教育，研究对象有具体的领域，理论体系比较完整，知识结构要求紧密衔接。其专业设置基础主要是学科，是按学问的性质和知识门类或领域来设置专业。为保证学科建设，专业设置具有相对的稳定性，应用型本科专业设置基础主要是职业、职业群或技术领域，要根据相关行业的市场需求、发展趋势、技术要求、岗位设置和人才需求来设置专业，专业设置有明显的职业针对性。

（4）课程体系及课程设置要求不同

学术型本科课程体系以“宽口径、厚基础”为标准，课程设置更多的是考虑学科的完整性、知识结构的相互衔接和学生未来发展的需要，往往以“三段式”为骨干构建课程体系，即“公共基础课＋专业理论课＋专业课”。应用型本科着眼于专业技术、经营技术、管理技术及智能操作技术水平的提升，要求比技能型人才有更宽的理论技术基础，又较学术型本科人才有更强的现场处理和解决问题的能力。在构建课程体系时，注重培养对象所要从事职业的实际情况，把理论教学的深度和广度限制在技术开发、运用与创新所必要的范围内，实现“足够、扎实”的理论基础和相对完整实践技能的有机结合。

（5）教学模式以及对教师的要求不同

学术型本科教学模式集中体现在三个方面：一是传授知识的教学模式；二是

发展思维能力的教学模式；三是以人格发展为导向的教学模式。教师队伍建设要以学科梯队组建和学术水平的提高为重点，教师个体素质要求重学历、重理论基础、重科研能力。应用型本科教育比较适宜的教学模式是理论教学与实践训练并重，以应用能力培养为主线，突出工程实践的教学模式。教师队伍建设要以高学历的学科梯队建设与“双师型”素质教师的培养并重。

（6）实践教学要求不同

学术型本科强调学生实践能力的培养，但重点放在发现问题、分析研究问题上，开展研究性、探索性技术的训练和素质的培养，为学生以后的创新、发展奠定基础。应用型本科重点培养学生技术开发与应用能力，培养学生的动手能力和发现问题、解决问题的能力，以课程设计为核心加强工程综合性训练，以校内实验实习为基础强化工程实践，以校外毕业实习设计为重点全面提高工程实践能力。实训中心或者基地的建设应尽可能地接近现场实际，同时注重设备的超前性、实际应用性和综合性。

2.1.3 实践教学体系

2.1.3.1 实践教学的内涵

实践是人类在一定社会组织中，有目的地认识世界和改造世界的客观活动，是人和人类社会的存在方式，是人的本质力量的确证和显现，也是主体和客体之间能动而实的双向对象化过程。人类或个体认识的发生，正是实践过程中主体与客体相互作用的结果。人们通过自己的亲身实践，获得直接的经验知识，这是认识的基础与发端。由于个体直接经验总是有限的，而人类在历史的社会实践中已积累了大量的认识成果，因此，需要通过教学去传承前人积累的间接经验。那么，根据间接经验也是前人实践成果的总结，是否学习过程就只需要读书、照背、全盘接收，而不再需要实践呢？过去，由于强调学习的间接性而忽视实践教学的观念误区恐怕正在于此。于是，就有了满堂灌、读死书、死读书，只能应试，不会应用。事实上，人不能自发或天生地产生知识，也不能消极地接收外界注入的知识。若无任何直接经验，学生既无学习的兴趣和动力，也不可能理解和掌握间接经验，更谈不上发明和创新。因为，人的认识活动本质上是认识主体在实践活动基础上对客体的能动反映，实践在认识过程中起决定作用，实践也是发展主体能力的基本途径，只有在人与外界相互作用的实践过程中才能生成人的知识、人的本质，并推动着人的发展。

实践教学正是根据认识的本质和规律、实践的特点和作用以及教学的目的和要求而开展的实践活动。实践教学的主体是教师和学生，客体是教学内容和对象，包括自然对象、社会对象和精神对象。实践教学的主要形式有科学实验、模拟、观摩、考察、访问、讨论、演讲、作业、练习等。实践教学有狭义和广义之分。狭义的实践教学，是教学中的一个特定环节，围绕某一专题、利用一定手段组织的一次实践活动。广义的实践教学，应该是贯穿于整个教学过程中的、由教学主体主动参与，为传承知识、发展能力、探索创新而开展的一切实战活动，即按照实践活动特性规律组织教学就是实践教学。

2.1.3.2 大学实践教学的特点

大学教育，是培养人的综合教育过程。所以，大学教育必然由理论教学和实践教学共同组成，而且实践教学贯穿大学本科教育的全过程。在大学教育活动过程中，学生经过一段时间的理论学习，都有一定的实践教学环节相对应，而且每个实践教学环节均具有相对独立特性，又紧密结合，将各个相对独立的实践教学联系到一起，形成本科实践教学内容体系。

大学实践教学是长期的、系统的、科学的、综合的培养学生实践能力特别是创新能力的过程。具有以下特点：

①长期性。实践教学贯穿大学本科教育活动的全过程，每个学期都有具体的实践教学内容，尽管每项实践教学的时间长短不一，但总体而言，实践教学时间持续 4 年或 5 年。

②系统性。实践教学的各个环节是紧密联系的，各个环节联系为一个体系，具有一定的目的性和方向性，是一个系统的培养过程，而不是一个简单几个内容的相加，内容符合科学的教学要求和学生能力的发展要求，也符合社会对人才的需求要求，具有普遍性的特点，又有因材施教的特性。

③综合性。实践教学内容包括实际工作的操作、社会管理能力的训练、科学研究的训练，同时含有设计性、综合性和创新能力的培养内容。

④实践教学的目的是培养学生的实践能力特别是创新能力。实践能力、创新能力是多方面的，而不是局限于专业和学科领域。

⑤广泛性。在人类社会活动中，人类社会的改革、进步、发展和变迁与人类自身发展息息相关。社会上的各种事物都是学生需要了解、研究的内容，不了解

社会，就不能适应社会。

⑥多样性。实践活动内容的广泛性决定了实践活动形式的多样性。大家参与到一项工程，小到自己动手设计制作一个模型，大到一个系统的开发、研究和实施，都是实践活动。社会生活是丰富多彩的，学生的实践活动也必然是多种多样。

⑦灵活性。实践活动的广泛性、多样性又决定了实践活动的灵活性。不同地点、不同时间、不同人员，可采用各种各样的实践方式。

⑧社会性。实践教学的目的既然是为了解决教学脱离实际、脱离社会的问题，仅仅依靠学校自身办好实践教学是难以实现的。它需要社会各界给予大力支持和配合，为学校提供有利的实践条件。

2.1.3.3　实践教学与理论教学的关系

知识是人们的认识和经验的概括与总结，课程是传播知识的平台，理论课和实践课共同构成一个不可分割的知识体系。出于课程设置方式的不同，人们对实践课程形成了一种偏见，认为实践课程依附于理论课而存在，在进行实践教学时，自觉不自觉地延用理论课程的思维方式，忽视了理论课程与实践课程在培养学生思维方式上有着各自不同的特点。理论课程偏重于演绎思维，对知识偏重于理论性的概括，实践课则重于归纳思维，偏重于经验性概括。长期以来我们的教育对经验性的知识不太重视，认为它不稳定，不深刻。在课程开设上，重理论课轻实践课，实践课程建设往往以理论课内容为模式，以学生对理论课的内容进行验证为目的，用理论课的思维方式代替实践课思维方式，使本来很生动的课程变得枯燥无味，导致学生渐失兴趣；在投入上，实践课程仪器设备的更新缓慢，实习基地偏少，限制了实践课程对日新月异的科技前沿知识的跟踪。两方面的因素综合体现在学生素质层面上，就是分析问题能力和动手能力不强。

从认识论的角度讲，学生在对知识的内化过程中，有一个实践、认识、再由认识到实践循环往复最后产生飞跃的过程。在这个过程中认识和实践是相辅相成的，不能厚此薄彼。一定的理论知识可以指导实践，但反过来大量的实践经验上升为理论知识或直接服务于社会。从目前我国急需赶上世界发达国家的生产力水平方面来看，实践则显得更为重要。毛泽东曾说：“读书是学习，使用也是学习，而且是更重要的学习。”要从提高学生的思维方式和动手能力方面入手，对传统的教学思维模式有所突破，以实践课的改革作为切入点，开拓实践课程培养学生创新思维的新局面是高校教学改革的必然趋势。

在教学实践中，理论教学和实践教学总是交织在一起的，学生既可以在实践教学中学习到理论，又可以在理论教学中学到实践知识和技巧。有些教学活动，如理论教学中的联系实际部分的分析、讨论、出于解决问题需要的实验等，属于实践教学，而实践教学中的概括总结，上升为理论的部分，属于理论教学。

2.1.3.4 实践教学在应用型本科人才培养中的重要作用

由实践教学的定义可以看出实践教学使学生加深所学理论知识，锻炼学生的实际操作能力，培养学生的创新意识、创新能力，使学生熟悉实际工作场景和了解实际操作规程，对学生了解实际生产、社会工作以及工作的管理方式等具有重要意义。实践教学环节能最大限度地满足并实现社会对全面素质、创新精神和实践能力的高级人才培养要求。具体表现如下：

①实践教学是应用型本科教学工作的重要组成部分。从实践教学的内涵不难看出，实践教学在培养学生实践操作能力和创新能力方面具有特殊的意义，是应用型本科教学工作不可偏废的重要组成部分。应用型本科教育的培养目标和教学目的的实现，都不可缺少实践教学这一关键环节，这也是应用型本科教育的重要特点之一。

②实践教学是培养学生创新能力的“切入点”。实践教学的广泛性和立体性使其在培养学生创新能力过程中具有不可替代的作用。没有实践能力，创新能力是不可能得到发展的。创新能力的基础是实践能力，而实践教学则是培养并形成实践能力的有效途径和手段。

③实践教学是由理论过渡到实践的桥梁。学习的最终目的不在于求知，而在于致用，也就是实践。实践教学最大限度地开发学生的潜能，培养学生运用知识、创造知识的能力和投身社会实践的优秀品质，为学生进入社会创造必要条件。

④实践教学的深远意义还在于大学生逐渐转化为社会人的过程中，培养了大学生的综合素质，能促进学生个体的全面发展，在实际工作中发挥能力，从而促进国家经济的发展和社会的进步。

2.1.3.5 应用型本科院校实践教学的特征

（1）实践教学具有独立性特征

以往的教育活动中大家普遍觉得实践教学只是理论教学的附属形式，并不是作为一个独立的教学类型而被重视。对应用型本科院校来说实践教学和理论教学作为不同的教学类型，在实践教学的目标、实践教学的内容、实践教学的管理、实践教学的评价、实践教学保障等方面与理论教学相比有着很大的独立性。因此，我们必须将实践教学当作一个独立的教学类型来进行研究。

（2）实践教学过程中学生的主体性特征

所有教学活动都是由教师的教和学生的学组成的一种协调活动，通过教师与学生双方的共同活动来实现教学目标。实践教学的目的是让学生学会把基础理论转化成实践操作，通过实践来培养学生的专业技能，为未来职业打好基础。

因此，要将学生的主体地位在实践教学整个过程中得以突出，教师应该作为教学活动的组织者，而学生应当成为实践教学的主体，在教师的帮助下开展实践操作。

（3）实践教学内容的实用性特征

学生通过实践教学环节的训练，最终目的是为了获得一定的实践能力来满足未来职业岗位的需求。因此，在实践教学内容的选择上一定要体现出实用性，实践教学的内容应当和生产实际相结合。实践教学过程中要尽量模拟企业真实的生产现场，让学生在参与贴近实际生产的实践教学过程中更加真实地体验操作企业的生产设备，以获得更加直接的岗位能力。

（4）实践教学校企联合的特征

实践教学过程不但能够提升学生的动手操作能力，还可以更好地激发学生的创新精神。作为高校具有丰富的科研资源和专业的理论师资队伍，而企业则具有得天独厚的技术资源和真实的生产实践环境，可以为学校提供生产一线具有丰富经验的技术人员作为兼职实践教师，同时也可以为学校提供行业发展最前沿的技术设备供学生实习，而学校可以为企业提供先进技术和人才培养。

2.1.3.6　实践教学体系的内涵

（1）教学体系

教学体系是用体系论的思维和方法，思考和指导相关的教育活动。所以可以将教学体系解释为：主要是为了达到一定的教学目标，遵循一定的教学准则，由若干教学活动要素相互影响、相互作用而构成的体系。

国内学者关于教学体系要素说的主要研究最经典的是三要素说，即学生、教师和教材；还有四要素说：教师、学生、教学内容和教学手段构成了教学过程不可缺少的基本因素。还有由教师、学生、教材、工具、方法组成的五要素说。另一种六要素说则是指教师、学生、教学内容、教学工具、时间、空间。李秉德先生提出的七要素说具有特别的意义，给人以许多启示，他所提出的七要素是：学生、教学目的、教学内容、教学方法、教学环境、教学反馈和教师。以上所述的各个教学体系要素都有其重要价值。本书认为其中的“六要素说”最能系统全面地反映当下的教学情况，这些要素都是能够影响整个体系，并且能够反映系统本质特征的内容。

（2）实践教学体系

法国社会学家布迪厄被称为“社会实践理论”代表人物，他强调，“每个人对世界都有一种实践知识，并且都将它运用于他们的日常活动之中”。作为“社会行动者”的人，正是通过“日常生活里有组织的、富于技巧的实践”，持续不断地建构他们的社会世界。培养知行统一的人才与实践有着千丝万缕的联系。《教育大辞典》是这样来解释实践教学的：“实践教学是相对于理论教学的各种教学活动的总称，包括实验、实习、设计、工程测绘、社会调查等。旨在使学生获得感性知识，掌握技能、技巧，养成理论联系的作风和独立工作的能力”。而实践教学体系则是由与实践教学活动有关的要素构成的有机联系系统。它一般包含实践教学活动的目标、环节、管理等要素。实践教学体系突出的是整体特征，有研究者指出体系是由若干有关事物相互联系、相互制约而构成的整体，组成体系的若干个事物在本质上具有内在联系。

实践教学体系的含义分为两大类，即有广义和狭义之分。广义的实践教学体系是由实践教学目标、内容环节、管理和系统的评价保障等几个方面构成的。而狭义的实践教学体系则是指其教学的内容体系，是指根据人才培养目标，在制定教学计划的时候，采用合理的课程设置和教学实践（实验、实践、培训、课程设计、毕业论文设置、创新发明、社会实践等），建立起与理论教学体系相辅相成的教学内容体系。

（3）实践教学体系的特点

实践教学与理论教学深度融合，在应用型人才培养中承担更重要的地位。实践教学更加贴近社会、贴近实际。主要体现在：第一，实践教学是配合职业资格准入制度的推行；第二，实践教学体系制定的主体由以学校为主导转变为以学校和相关企业、行业为主导；第三，实践教学教师来源社会化；第四，实践教学是实现校企合一、校企深度合作等多种模式共建实践教学基地。

实践教学逐渐倾向经营化。一方面，通过校企合一模式实现实践教学基地的经营化，实践教学设备、设施就是企业生产一线的先进设备，课程的完成直接产出经济效益；另一方面，学生的作业就是生产任务，学生用工时换取相应学分，还可以得到相应的津贴。

实践教学呼应了终身教育的教育潮流。实践教学注重对学生实践能力的培养，而这种能力将贯穿于学生的工作与生活，适应经济科学极速发展的社会现状，兼顾学生的知识、能力和工作技能的共同提升，考虑到学生在未来岗位的职能转变和终身学习的需要。在教学方法上，逐渐由现在的以“技术性实践”为主过渡到“技术性实践与反思性实践并重”。

实践教学的形式复杂多样。由于教学形式、教学目标以及评价考核标准的不断改进，实践教学的形式将更加灵活多样，涉及的因素将更加烦杂。

2.1.3.7 实践教学体系构成要素

从狭义上看，实践教学体系专门指实践教学内容，而广义上可包含实践教学目标、实践教学内容、实践教学管理、实践教学保障、实践教学评价等基本要素。这些要素不是相互孤立的，而是相互联系的，共同保障了实践教学体系的运行。

（1）实践教学目标

实践教学目标是各构成要素的核心，是实践教学应该达到的标准，是一切实践教学活动的出发点和归宿。它决定着实践教学内容、管理、保障、评价体系的结构和功能，在一定程度上决定其他体系的有效运行。实践教学的目标分为不同层次，包括：实践教学人才培养总目标、各高校实践教学的目标、各专业培养目标及根据实践教学内容不同而确立的目标。

实践教学目标与理论教学目标的主要区别在于：将教学融合到应用领域的过程中，锻炼和提高学生的专业理解、应用、执行能力和素质，培养应用型人才。不同层次的实践教学目标都要突出实践性。实践教学体系的人才培养目标是培养面向生产、面向建设、面向管理、面向服务、实践能力强、具有良好职业道德素养的技能型人才。应用型本科各专业的培养目标是依据一定的教学理论、本专业的特色、需要掌握的专业技能，以就业为导向，以服务为宗旨，主动适应形势的发展，深化教学改革。根据实践内容和实践方式的不同可以将实践教学目标细化为：通识实践目标、学科基础实践目标、专业技术实践目标、研究创新实践目标等。

（2）实践教学内容

实践教学内容为实践教学目标服务，是实践教学的中心环节。合理的实践教学内容不仅有利于学生掌握扎实的基本知识与技能，而且对提高学生的综合素质大有好处。

实践教学内容的选择要遵循职业能力的形成规律，符合专业特点，符合教学规律，同时与理论课程相对接。

实践教学的内容应朝着多元化和完善化的方向发展。内容的选择上要突出学生的主体性，充分发挥学生的主观能动性，采用多样化的实践教学方法，从而调动学生学习的积极性。推行自主学习、合作学习、研究学习的教学模式，增加演示示范、验证练习、项目教学法、案例教学法、模拟教学法、参观、调查等教学方法的使用。同时，积极倡导多媒体教学，发挥网络的教学辅助作用。

具体的实践教学内容可以包括三大方面：一是实训教学，包括实验、实训、科研训练；二是实践教学，包括社会调研、实习、社会实践；三是创新教学，包括学科竞赛、创新创业项目、毕业设计论文。这些内容相互支撑，构成完整的实践教学内容体系。通过实践教学内容的开展，锻炼学生的实践能力。

（3）实践教学管理

实践教学在各个方面都比理论教学的投入大，实施更为复杂，教学过程也较难把握，实践教学管理是一个综合性很强的系统工程。有效的实践教学管理可以使人、财、物的潜能得到充分发挥，提高运作效率，进而提高实践教学的水平。

实践教学管理体系包含：实践教学管理机构、实践教学管理制度及规范、实践教学质量监控等。主管实践教学的领导和职能部门负责统筹实验室的建设及实践教学工作的开展。同时需要教务、人事、财务、后勤等相关部门密切配合。各二级院系按照上级的要求对人、财、物进行自行管理。为使实践教学管理有章可循，应用型本科院校需要建立健全实践教学制度及规范，根据实践教学内容的不同需要制定关于实习、实验、实训等规章制度，同时制定实践教学大纲及实践教学指导书等配套文件。在管理的过程中，需加强监控，及时进行反馈。

（4）实践教学保障

实践教学的开展需要必备的保障，主要包括：政策及制度保障，实训基地、设施、资金保障，师资队伍保障等。

①政策及制度保障。国家相关政策对实践教学起到保障和引导的作用。2012

年教育部《关于全面提高高等教育质量的若干意见》中强调要强化“实践育人环节”。2014 年国务院《关于加快发展现代职业教育的决定》提出，要“加大实习实训在教学中的比重，创新定岗实习形式，强化以育人为目标的实习实训考核评价”。国家政策引导，实践教学的地位越来越重要，应用型本科院校更应积极探索建立完善的配套实践教学制度体系，包括实践教学的管理体制、实践教学考核和教学效果评价制度等。

②实训基地、设施、资金保障。实训基地是学生提升专业技能的主要场所，为学生提供实践的机会和平台，通过创造良好的环境激发学生学习的积极性和操作热情。校内的实验室、实训基地是基础，可以完成一些项目的基本操作，既能提高实训效果，也大大降低办学成本。校外实习基地是校内实训场所的延伸和补充，能有效缓解校内资源的不足压力，也是学生走向社会的一个过渡桥梁，它能够为学生提供包括基本技能和综合能力等多方面的实践训练。

实训基地主要分为三种：实验室、校内实训基地和校外实习基地。实验室是基础，校内实训基地是拓展，校外实习基地是综合。应用型本科院校应该统筹规划，促进实验室、校内实训基地和校外实习基地协同发展。

实验室是学生熟悉基本操作的场所。为保证实验的专业性，各高校必须加大对实验室的投入。

校内实训基地主要是专业的实训室。学生在拥有一定专业基础知识的前提下，经由实训导师带领在实训基地实习，以巩固专业基础知识。也就是通过专业基础知识和实践操作能力的交替学习来达成实践教学的教学目标。应用型本科院校应完善校内实训基地的建设，创造真实的实训环境。

校外实习基地主要是选择和学生专业密切相关的用人单位，通过学校将企业和学生联合，安排学生定期去实习基地实习，提升本身专业技能，帮助学生更真实地认识岗位职责，提高本身职业道德素质，有利于学生毕业后更快地适应职业发展需要。应用型本科院校应选择与一批有一定规模并相对稳定、技术先进、管理科学的单位来合作，建设稳定的校外实习基地。

实践教学的设施主要是实习、实训、实验、实践需要使用的各种用品、器具、工具等。只有完善设施，实训基地才能发挥应有的作用。应用型本科院校应该加大资金的投入，购置配套的设施，才能保证实习、实训、实验、实践等内容的顺利开展。同时，提高使用率和利用率，定期对设施进行检修、维护。

总之，实践教学的实施需要人、财、物各方面的保障，需要学校、企业乃至政府的资金支持。应用型本科院校需要加强与社会企业、兄弟院校的合作，保证资金的充足，同时建立科学的实践经费投入机制，根据情况适时地调整经费投入计划，提高实验室等资金投入的运行效益。

③师资保障。教师在实践教学中处于主导地位，实践教学师资的素质和水平对深化实践教学改革、提高实践教学质量起决定作用，教师的实践能力直接关系到学生实践能力形成效果。实践教学的教师不仅要有较高的专业基础知识储备，较强的教育教学能力，还要有较高的实践技术水平以及良好的职业道德素养。也就是说实践教学工作需要既精通理论知识又熟练操作技能的“双师型”教师。

目前应用型本科院校从事实践教学的教师通常包括三类人员：第一类是理论教师中具有较强实践能力、能够承担实践教学指导的理论实践“双肩挑”教师；第二类是校内专职实践指导教师；第三类是校外企事业单位兼职教师。培养实践教学师资队伍一方面可以聘请来自企业、社会的工程师、专家作为兼职教师；另一方面可将教师、实验师送到相关企业、机构学习并获取相应的技能和证书。为了稳定实践教学的师资队伍，多采取定岗、定编、职称评定等方面的激励措施。

2.2 理论基础

2.2.1 系统理论

2.2.1.1 系统论

系统论是由一般系统论、信息论和控制论等发展而来的。学者们以系统论为理论基础对教学进行过不同层次的研究。在国外，以系统论作为研究教学设计的基础已是许多学者致力于探索和研究的焦点之一。同时，国内的学者也对此进行了相关的研究，如包国庆的《论课堂系统》，就是运用系统论来考查课堂教学的；又如有学者运用系统论来考查和研究教学过程，为教学过程的研究提供了新的视野。可见，把系统论作为教学设计的基础是有充分根据的，它更是系统教学设计的重要理论基础之一。

（1）一般系统论

一般系统论的鼻祖是冯·贝塔朗菲（L.Bertalanfy），最早把一般系统论应用于教育和培训的是赛尔冯（L.C.Silvern）、巴尔森（J.Barson）等人。冯·贝塔朗菲原为奥地利的生物学家，由于他阅读广泛、学识渊博，从而在学习和研究过程中领悟到在不同的学科、不同的系统之间存在着一种相似的结构（异质同形性，也称同构性），进而萌生了要用共同的语言和术语把它们统一的思想。这一思想促使了他致力于一般系统论的研究。20 世纪 20 年代末，他的《有机生物学》问世，奠定了一般系统论的基础，到 1968 年发表《一般系统论——基础、发展、应用》时，一般系统论已经作为一种科学的方法论，在各个领域都产生了重大深远的影响。至今，人们对系统论的理论研究还在不断探索、不断深化之中。按照一般系统论的观点，“集合”与“系统”是有明显区别的：在一个集合中，它的各部分不论是彼此分开还是合在一起，各自都保持不变，即集合是它的各部分的简单相加之和；与此相反，在一个系统中，由于它的各个部分之间的相互必然使它们发生变化，因此，由这些部分组成的整体就变得大于它们的简单相加之和了。

“在教学体系设计中”运用一般系统论最初意图是提供理解和控制复杂系统的方式，并提供系统和它的环境之间的最大适应性，而非减少复杂性。在一般系统论运用系统教学体系设计过程中，曾产生了很多批评，如认为一般系统论是机械的、过于简化的，只关心线性的过程而缺乏弹性等。实际上，部分原因是因为人们对贝塔朗菲的一般系统论本身的理解偏差而造成的。一般系统论的产生和发展是和贝塔朗菲自身的背景分不开的。作为一名在德奥文化氛围熏陶下成长起来的学者，贝塔朗菲的学术风格具有与英美学派鲜明不同的色彩，这就是重整体、重和谐、重内在主动性。贝塔朗菲在构建他的理论生物学体系乃至一般系统理论时，自始至终贯穿了这一风格。虽然贝塔朗菲不是第一个使用开放系统概念的人，但是他使得这个概念成为思维多方面工具，因此，他对这个概念的应用具有不可磨灭的贡献。在贝塔朗菲的一般系统理论中，开放系统概念成了一把钥匙，开启了许多新领域，如生物科学、行为科学和社会科学等。此外，贝塔朗菲还探索了动态系统观。应该认识到，正确认识和理解某个理论是恰如其分地运用该理论的基础，这是对所有研究者和运用者最基本的要求。

（2）系统论的形成

随着对一般系统论应用的日益深入，人们发现研究任何系统都离不开信息，仅仅运用研究简单系统时使用的物质和能量的概念，已不能反映出系统的真实运动状态，更不能解释某些复杂的现象，因此必须研究反映系统与环境、系统与子系统之间不可缺少的重要因素——信息。信息论是一种以研究信息的定义、实质、度量以及有关信息传输、处理、存取和利用的规律性为基本内容的科学理论。信息论为人们提供了研究系统组织化程度和信息如何在系统中有效传输的理论。此外，信息与控制是密不可分的。因为要对系统实施控制，必须依赖于信息才能达到目的。关于控制的科学包括两个有区别的领域：维纳（N.Winener）的控制论（Cybernetics）和控制界的控制理论（Control Theory）。这里指的是维纳的控制论。维纳等人把控制界定为主动的、有目的的、策略性的行为：把控制论定义为关于动物和机器中的控制和通信的科学，即一门同时适用于生命现象和非生命现象的科学。我国著名的科学家钱学森不仅发展了控制论的思想，而且还建立了控制论的学科体系。20 世纪 80 年代，钱学森在论著中对结构与功能、部分与整体的辩证关系作了许多深刻而精彩的论述。他把控制问题分为两类，一类是给定系统的结构，然后确定其功能；另一类是给定系统的性能，然后确定其结构。他还提出了一个新颖而重要的思想：如何使系统能够根据环境的变化来重新组织自己的构成成分，以便实现系统整体稳定而又有目的的行为。

上述由一般系统论发展而来的系统论的思想和观点不同程度地为系统教学体系设计的研究提供了依据。早期，系统论应用于系统教学体系设计，主要体现在以下四方面：分析学习任务，决定如何开展教学、实验和修改（即形成性评价），评定教学实施后学习者的掌握情况（总结性评价）。当时的许多教学设计理论和模式中都不同程度地反映了上述思想。如安德鲁斯（D.Andrews）和古德森（L.Goodson）于 1980 年时总结了 40 多种模式，发现这些模式中的大部分都包括了上述方面。随着应用和研究的深入，人们把系统论应用于系统教学设计的基本要素归纳为分析、设计、开发、实施和评价或控制。也有学者认为，与教学体系设计密切相关的系统论主要包括系统的定义和类型、系统的结构、系统的环境、系统的调整特性。

总结上述研究成果，我们认为系统论不仅为研究系统教学设计提供了基本的概念基础，如系统、要素、结构、功能、控制、反馈等，基本观点如整体观、开放系统观、动态系统观等，以及基本的系统分析过程；而且还为系统教学设计理论的研究提供了基本原理，有些原理主要包括反馈原理、有序原理和整理原理。所谓反馈原理就是任何一个系统只有通过信息反馈才能实现控制，没有反馈，要实现系统控制是不可能的。在教学设计过程中，应根据需要随时收集反馈信息，并据此修改整个系统，以实现教学过程的最优化。有序原理主要表现在以下几方面：系统的有序性首先指结构的有序性；其次还表现为行为的有序性和功能的有序。结构的有序性是指系统内部各要素的组织形式的有序性程序。系统的行为与功能是作为过程而展开的，包括多个阶段、步骤、程序等，需要有序地协调安排，以求行为和功能的优化。行为和功能直接表现的是系统与环境的相互关系，联系方式有规则的与不规则的、较强的规律性与较弱的规律性之分，但更多地取决于系统内部联系即结构的有序或无序、高序或低序。这就要求教学设计时，尽可能考虑到结构的有序性，以期达到行为和功能的优化。值得一提的是，有序不是线性，人们往会把两者简单等同视之，这应引起教育工作者的注意。所谓整体原理就是指若干要素按某种方式相互联系而形成系统，就会表现出组成它的要素和要素的总和所没有的新性质和新功能。通俗的说，就是整体大于部分之和。整体性是系统最重要的特征，所谓用系统的观点看问题，关键在于考查系统的整体性，即不能还原为部分去认识，只能从整体上把握系统的性质和功能。整体原理对于教学设计的启示是：教育工作者必须考查组成教学系统的特定要素及要素间的相互关系，以实现教学系统功能的最优化。此外，系统论还为系统教学设计研究提供了基本工具（如流程图、关键路径技术等）和基本规律，这些规律包括：结构功能相关律、信息反馈律、竞争协调律、涨落有序律和演化优化律。

此外，复杂系统理论的发展对为研究教学设计系统中各要素之间的复杂关系提供了新的视野。

2.2.1.2　复杂适应性系统理论

复杂性科学研究的前沿阵地是美国新墨西哥的圣菲研究所（Santa Fe Institute，简称 SFI）。这里汇集了一批不同领域的科学家，他们通过对不同学科之间的深入探讨，试图找出各种不同的系统之间的一些共性，并称之为“Complexity”。其早期的主要学术观点认为复杂系统是由大量相互作用的单元构成的系统，基本思路是复杂适应性系统理论与基于多主体的计算机仿真与模拟。复杂性的研究内容则是研究复杂系统如何在一定的规则下产生有组织的行为以及系统的进化所突显出来的行为。

自 1994 年圣菲研究所的主要代表人物约翰 · H. 霍兰（John H. Holland）正式提出以来，复杂适应性系统（CAS）理论迅速引起学术界的关注，被尝试用于观察和研究各种不同领域的复杂系统，成为当代系统科学引人注目的一个焦点。下面从产生的背景、基本概念、主要内容及其特点等几个方面对复杂适应性系统理论做以下介绍。

（1）产生背景

早在古代，人们就开始思索有关系统的问题。古代朴素的系统观是人类认识系统的开端。到了近代，以实验为基础的分析还原方法使得系统方法趋于简单化，特别是以牛顿力学理论为代表的还原论强调世界是同质的，整体与部分的区别只在于量的多少而已。哲学家们以超前的意识打破了这些观念，他们将“普遍联系”的现实、辩证法三大规律和范畴体系构成了一个不可分割的整体系统，高度概括了世界的总系统蓝图。

随着科学的发展和技术的进步，系统科学从20世纪30年代开始兴起，人们认识到系统大于其组成部分之和，系统具有层次结构和功能结构，系统处于不断的发展变化之中，系统经常与其外界环境进行物质、能量和信息的交换，系统在远离平衡的状态下也可以稳定（自组织），确定性的系统有其内在的随机性（混沌），而随机性的系统却又有其内在的确定性（突变）。这些新的发现不断地冲击着经典科学的传统观念。

现代科学从老三论（系统论、信息论、控制论）过渡到新三论（耗散结构论——主要研究非平衡相变与自组织、突变论——主要研究连续过程引起的不连续结果、协同论——主要研究系统演化与自组织），另外还有新新三论（相变论——主要研究平衡结构的形成与演化、混沌论——主要研究确定性系统的内在随机性、超循环论——主要研究在生命系统演化行为基础上的自组织理论）等新科学理论也相继诞生。这种趋势使许多科学家感到困惑的同时，也促使一些有远见的科学家开始思考并探索新的道路。复杂系统和系统的复杂性问题的研究就是在这样的背景下提出的。

其中，复杂适应系统是一类极为普遍的复杂系统。现实生活中，许多系统都具有复杂适应系统的特点，特别是有人参与的系统，更是一种适应性系统。由于人的智能性、主动性和适应性，要对其进行有效的研究，采用传统的方法已经不够，复杂适应系统理论应运而生。复杂适应系统理论的提出对于解决和解释经济系统、社会系统、军事系统等复杂适应系统中的复杂现象和问题，具有重要的意义和应用前景。

（2）主要内容

复杂适应性系统（Complex Adaptive System，简称 CAS），是指那些在系统的演化、发展过程中主体通过学习而改进自己的行为，并且相互协调、相互适应、相互作用的复杂动态系统。它的基本思想是：系统由具有自身目的性与主动性的主体构成。适应性主体将微观和宏观世界联系了起来。在微观方面，主体能够在与环境及其他主体的交互作用中不断学习，并根据学习到的经验改变自身的结构和行为方式，以便更好地在客观环境中生存，即主体的适应性；宏观方面，在主体与环境的交互作用中，整个系统表现出复杂的演变和进化过程。主体与环境及其他主体之间所表现出的主动性、适应性是系统发展和进化的基本动因。整个系统的演变或进化，包括新层次的产生、分化和多样性的出现，新的聚合而成的、更大的主体的出现等，都是在这个基础上派生出来的。这便是复杂适应性系统理论的核心思想——“适应性造就复杂性”。

复杂适应性系统理论主张沿着生成论的路线分析复杂系统。主体是活的，具有主动性和适应性，它的运动和变化是纷繁复杂的。适应性主体从所得到的正反馈中加强自身的存在，也为延续带来了变化自己的机会，它可以从一种多样性统一形式转变为另一种多样性统一形式，这个具体过程就是主体的演化。但“适应性主体不只是演化，而且是共同演化”，共同演化产生了无数能够完美地相互适应并能够适应于其生存环境的适应性主体，是任何复杂适应性系统突变和自组织的强大力量，并且共同演化都永远导向混沌的边缘。

在混沌的边缘，系统中的各个主体从来没有静止在某一个状态中，但是也没有动荡至解体。一方面，每个适应性主体为了有利于自己的存在和连续，显然都会稍稍加强一些与竞争对手的相互配合，这样就能很好地根据其他主体的行动来调整自己，从而使整个系统在共同演化中向着混沌的边缘发展，混沌的系统就会变得稍稍稳定一些，其整体适应度就会上升。特别在介于有序状态和混沌状态之间时，整体适应度将达到顶峰。另一方面，“混沌的边缘远远不止是简单的介于完全有秩序的系统与完全无序的系统之间的区界，而且是自我发展进入的特殊区界，在这个区界中，系统会产生涌现现象。”涌现是一个必然性和偶然性统一的演变过程，体现了确定性和不确定性的辩证统一。霍兰说：“很多复杂适应性系统都有这样的特性，一个小的输入会产生巨大的、可预期的直接变化——放大器效应。”个体之间的相互作用使系统出现聚集涌现的特征。即一群群的作用者通过不断寻求相互适应和自我完善而超越了自身，形成更为宏大的东西，从而使得系统得到更高层次的发展。如此反复，主体和环境系统就处在一种永不停止的相互作用、相互影响、相互进化的过程之中。

在复杂适应系统理论中最基本的概念是适应性主体（Adaptive Agent），简称主体。主体是指系统中具有适应能力的、主动的个体。主体随着时间不断进化，具有两个特点，一是能“学习”，二是会“成长”。即主体的适应能力表现在它能够根据行为的效果修改自己的行为规则，以便更好地在客观环境中生存。

围绕主体这一概念，复杂适应性系统理论的创立者——霍兰进一步提出了研究复杂适应性系统演化过程中涉及的 7 个概念，即 4 个特性（聚集、非线性、流、多样性）和 3 个机制（标识、内部模型与积木块）。

聚集：个体通过黏着形成多主体的聚集体。由于个体具有聚集的特性，它们可以在一定条件下，在双方彼此接受时，组成一个新的个体——聚集体，在系统中如同一个单独的个体一样行动。

非线性：非线性指个体以及它们的属性在发生变化时，特别是在与系统的反复交互作用中所呈现的关系，并非遵从简单的线性关系。

流：在个体与环境之间存在有物质资源、能量和信息流的交换，这些流的交换通畅程度、周转速度，都直接影响系统的演化过程。

多样性：在主体的适应过程中，由于种种原因，个体之间的差别会发展与扩大，最终形成分化，呈现多样性。

标识：为了相互识别和选择，个体的标识在个体与环境的相互作用中是非常重要的，因而在建模和实际系统中，都要认真考虑标识的功能与效率等因素。

内部模型：在复杂适应性系统中不同层次的个体都有预期未来的能力，每个个体都是有复杂的内部机制的。相对于整个系统而言，这就统称为内部模型。

积木块：复杂系统通常是相对简单的一些部分通过改变组合方式而形成的，即复杂性不在于块的多少和大小，而在于原有构筑块的重新组合。

一个系统是否为复杂适应性系统，霍兰指出可以用以上 4 个特性和 3 个机制加以判别，如果一个系统符合这 7 个条件就可以归为复杂适应性系统。

就现实而言，社会系统中从家庭、学校、社区、城市乃至整个社会都是复杂适应性系统，生物个体、群体、种群等也是一类复杂适应性系统。

（3）特点

复杂适应性系统理论是现代系统科学的一个新的研究方向，它从主体和环境的相互作用去认识和描述复杂系统的行为，开辟了系统研究的新视野。与其他系统科学理论相比较，复杂适应性系统理论具有以下特点。

①适应性造就复杂。复杂适应性系统理论认为，适应性是造就复杂性的根本原因之一，是主体的内部结构和行为方式与外部环境相协调，系统内部自组织和环境共同作用的结果。过去的系统科学理论没有或较少阐述适应性和复杂性的相互关系，在这一方面复杂适应性系统理论实现了突破，是它的最成功之处。复杂适应性系统理论把系统的要素（适应性主体）看成是具有自身目的的、能调控自己行为的、活的主体，而这些特性和行为的主要表现就是主体的适应性和因之而产生的复杂性。复杂产生于混沌的边缘，而系统就是通过对环境的适应到达混沌边缘的。

②主体的主动性。在传统的系统论中，系统的组成部分一般称为元素、单元部件或子系统。这些概念都是作为被动的、局部的概念提出的。而主体的概念则把个体的主动性提高到了系统进化的基本动因的位置，从而成为研究与考查宏观演化现象的出发点。主体的主动性、适应性指主体可以在与其他的主体和环境的交互中，根据得到的信息不断地对自身的结构和行为方式做出调整以更好地适应环境、得以生存。

③主体与环境的相互影响和相互作用。主体与环境的相互影响和相互作用是系统演变和进化的主要动力。在复杂适应性系统理论中个体与环境之间的相互作用才是整体的基础。系统的复杂性正来源于此，整体大于部分之和的原因正在于此。系统中个体之间互为环境，个体之间的关系存在着从平等到分化的发展过程。在系统演化的早期，个体的发展潜能是差不多的。但在相互作用的过程中，由于各种因素如内部波动、外部干扰的作用，在发展中产生了结构，对称性被打破，从而发生了从简单到复杂的演变。

④宏观和微观的有机结合。传统系统理论中是利用统计规律将微观行为和宏观表现联系起来。这对于由没有主动性的个体组成的系统来说是一种较合理的方法，但是对于由自身结构和属性不断变化的主体构成的系统来说显然不合理。在复杂适应性系统中宏观和微观被看作系统的不同层次，在主体的主动性和外界环境的影响下，系统的整体性能会在主体的相互作用中涌现出来。这种研究的方式更符合生物、社会、经济的实际运作情况。

综上所述，与传统的理论相比，复杂适应性系统理论在研究生物、经济、社会等有意识的主体为基本组成部分的系统时具有不可替代的优越性。同样，由于教育教学系统是一个复杂的适应性系统，复杂适应性系统理论在教育领域中也发挥着一定的指导作用。

（4）复杂适应性系统理论对教学设计的启示

教学系统是一个复杂适应性系统，教学活动是一个动态的过程，教学设计处在无限的变化之中。以学习理论、教学理论、传播理论为基础，将复杂适应性理论的要义融入教学设计的原理之中，以人本主义为指导，以能力培养为目标，将更有助于我们更好地理解教学系统的复杂性，丰富和完善教学系统设计理论，使我们的教学能更好地促进学习者的发展与成长。

从复杂适应性系统理论的角度重新思考教学设计，以期寻求解决教学设计现存问题的有效方案，建构更为灵活的教学设计模式，适应当前教育教学形势，促进教学设计理论的发展。

①教学设计理论体系要开放。教学系统是一种人造系统，教学系统是教育系统的核心，教育系统又是社会系统的重要组成部分。对教学系统的认识，仅仅通过对这个系统的构成及其运行过程和结果进行描述和解释是远远不够的。对于任何一种事物的认识，如果仅仅关注现有的生存状态而无视其环境，都是不完整、不全面的，是不符合唯物辩证法的。传统的教学设计注重的是内部的实效，而非探索教学系统与其上位系统、其环境中其他系统的相互关系。由于不能及时反映社会系统的变化和相关学科理论的发展，导致了教学设计理论体系封闭。

复杂适应性系统理论认为，任何系统都是由具有自身目的性与主动性的主体构成的，教育是它的上位系统为了更好地生存与发展而进行学习和适应过程中的一个重要组成部分。为了加强自身的存在，延续自己，教育系统作为一个较高层次的适应性主体在自身演化的同时，要和其他主体共同演化、协同演化，推动人类社会向前发展。因此，教学设计要关注社会，从宏观的社会背景来审视其变革，从社会、教育及其变革的视界中重新构建教学设计理论，开拓教学设计理论发展的开放的新局面。

当今时代，科学技术迅猛发展，社会各个领域交叉融合更为密切。社会变革、科学发展以其史无前例的迅捷性延伸进入到教育教学中，同时也要求教育教学做出及时回应。教学设计已不再是自我封闭的自足系统，只有放眼整个社会系统变革的大视野，以此作为立足点，并及时吸取其他相关学科的最新理论成果，以新的视野拓展了教学系统设计领域的研究，超越了传统学校教学系统设计的局限，才能真正对教学进行重塑。教学设计的变革，不应该是以传统体制下的教学范式为框架的教学设计改革，而是要把目光投向社会的转型和未来的发展，为人类社会学习模式的更新和学习资源建设做出开拓性的工作。

现有的教学设计是以一般系统理论为指导围绕着教学展开的，各种媒体的选用和策略的选择都是为教师更好地向学生呈现教材内容，实现预期的结果的；未来的教学设计要以社会标示的人才培养方向为价值导向，围绕着学习经验安排设计有效的学习环境，努力实现社会发展和个性发展的统一。

我们应该以开阔的视野，深入分析信息社会的特点，揭示出当前的教育与未来的要求相脱节之处，理清正在出现的新社会特征和新现实对教育的启示，根据这一启示提出指导我们实践，积极吸取相关理论的研究成果，使教学设计具有自身演化和与社会共同演化并推动社会变革的能力。

②教学设计模式要灵活。传统的教学设计模式是线性的、封闭的，虽然其流程清晰、易于操作和控制，但是实践证明这样的模式和复杂、灵活的教学过程是不相符的。我们需要更为开放灵活的教学模式以满足教学实际需要。

第一，教学设计模式应遵循线性和非线性的统一。传统教学设计流程是线性的，这种机制在遇到环境动荡或复杂的教育系统时显然缺乏灵活性。在一个复杂的系统中，因果关系不总是对称的，初始条件中某个微小的变化可能会产生完全不一样的变化。线性的教学设计路程很容易操作，但是也容易束缚设计者的设计思路，导致在实际教学活动中束手无策。

复杂适应性系统理论认为：个体与系统的反复交互作用中所呈现的关系，并非遵从简单的线性关系。主体纷繁复杂的变化促使系统具有强大的突变力量。教学过程既不是从某个特殊起点始发后沿直线行进的，它并不遵循简单的线性途径，而是一个动态的、相互作用的活动。教学过程中个别成分或步骤显出彼此间的内在依存性。

它们并不是分离的、相互排斥的，而是相关和互动的。因此，教学设计要遵循线性和非线性的统一，构建一种网状的教学设计过程模式，以便更好地呈现系统中各主体之间动态的相互关系与彼此的依存性，从而能够有效整合非预期事件，使自身体现出灵活性与动态性，以适应复杂的教学系统。

这就要求在教学设计的实践中不要过于细化具体的教学过程，而具体的教学过程由教学设计的执行者在教学过程中及时把握，这样才能尽可能地、有效地促进教学。同时，由于教学系统的非线性特征，还要求教学设计者要认真研究教学内容和学生状况等初始条件，精心设计教学过程的每一步骤、每一环节及过渡。最佳的选择是在设计时从实际出发，考虑多种方案，避免教学过程中的过度随意性行为的发生，以保证教学过程的顺利进行。

第二，教学目标应多层次、全方位。传统的教学目标是单一的，整个教学过程就围绕这个单一的目标线性行进着。这样虽然有力地保证了教学的进度，却有悖于因材施教的原则，限制了学习者个性的发展。

复杂适应性系统理论认为，主体与环境的相互影响和相互作用是系统演变和进化的主要动力。它的运动和变化是复杂的、非线性的，可以从一种多样性统一形式转变为更高层次的多样性统一形式，使系统永远趋向混沌的边缘，从而增强系统的创造性。

因此，在教学系统设计中要考虑学习者主体的个性和各自的发展可能性，制定多层次、全方位的教学目标，以保证不同主体多样性发展的需求，增强教学系统的创造性。

每个学习者的个性是不一样的，特长也是不同的，必然要求教学设计中考虑目标的多层次和全方位。为了使得学习者真正获得个性的发展，就要改变制定单一教学目标的做法。在教学设计中，教学设计者应该在把握教育总体目标的前提下，根据教学对象的实际情况，运用多维的观点考查教学过程，分层分类地提出适应不同具体教学过程的目标。这样，教学系统总体上遵循教育目标，在局部范围内又自由发挥，从而使得教学系统局部具有多样化的特征，整体上保证了教学过系统的创造性。

第三，教学设计应遵循生成论的不可预测性。传统教学设计是遵循决定论的可预测性的，它假定极少数变量的微小变化会产生极小的影响。因此，为达到单一的教学目标可以对学习者的种种偏离教学目标的行为加以控制。

复杂适应性系统理论主张沿着生成论的路线分析复杂系统。一个小的输入会产生巨大的、可预期的直接变化，而这一变化和系统内流的交换速度与程度又密切关系，是确定性和不确定性的统一。因此，教学设计可以预料教学所产生的成果，但无法预料成果的全部范围，也无法预知课堂教学中师生互动中产生的变化和新问题。而教学系统中，多层次、全方位的教学目标无疑增加了教学设计的不确定性。这并不意味着实际的教学过程就变得不可捉摸、无法控制了。对于教学设计的执行者——教师而言，教学设计的结果可以作为参考，在具体的教学实施过程中不必拘泥于预定方案，而应以一种开放的观念来应对动态课堂的生成，接纳始料未及的意外事件的发生，充分追求师生互动中的即兴创造，实现超越预定目标的理想。

第四，教学设计模式不应排除正反馈。传统教学设计理论遵从负反馈排除正反馈，当人的学习行为偏离预定目标时，则被认作错误，而错误必须排除或根据预定目标进行修正。事实上，一个开放系统需要变动、紊乱、反常、误差，因为这些正是引发重组的刺激物。

复杂适应性系统理论认为，利用负反馈的平衡系统不可能说明转换中的事件、突发的非连续性变化或自身与环境的相互联系及内在依存性。适应性主体是通过所得到的正反馈中加强自身存在的，也为延续带来了变化自己的机会。

因此，为了使教学系统能在系统与环境间进行信息或能量的交换，诱发合适的系统反应并由此进行自身调节，新的教学设计模式不应排除正反馈，而是要建立在正反馈或增大偏差的反馈圈上。教学设计中不论是目标的设置，还是教学过程中的设计，都要更加重视学习者特长方面正反馈对教学系统的调控作用。另外，重视正反馈的作用也要求教师在教学的过程中多给学生正面的激励，少给学生批评和惩罚，对低年级的学生更是要如此。这样的教育对学生的成长很有益处；这样的教学设计模式能够适应复杂教学系统内在结构的变化，不断更新自身并由此得以生存且持续地发挥作用。

③教学设计要重视学习者的主体性。学习者是教学系统中最具活力的主体。复杂适应性系统理论认为，主体随着时间不断进化，具有两个特点，一是能“学习”，二是会“成长”。即主体的适应能力表现在它能够根据行为的效果修改自己的行为规则，以便更好地在客观环境中生存。主体的主动性、适应性以及主体之间的相互作用是系统演化的主要动因。因此，在教学设计中要重视学习者的主体性，关注他们学习过程中的内部监控作用、内部状态和社会关系。

第一，重视元认知。学习者在学习的过程中能够自发地根据行为的效果修改自己的行为规则，以便更好地适应客观环境，促进个人的学习和成长。学习者所具有的这种能力就是元认知。

元认知能力的强弱决定了学习者学习能力的强弱，因此，为了更好地成长，具备良好的元认知能力是极其重要的。这就要求教学设计者要认识元认知、关注元认知，培养学习者的元认知能力。

教学设计中针对不同的学习内容，为学习者提供不同的策略；对学习者分析中通过交流了解、测定学习者的元认知情况；教学目标分析中加入元认知目标等。并且，我们可以通过具体的学科内容与元认知能力结合起来进行教学设计，在教学过程中创造有利条件渗透元认知能力的培养，增强学习者的适应性。

第二，重视情感。学习者作为活生生的存在，与其他主体最大的区别就在情感态度的不同。情感因素影响着教学质量。但是由于情感定义的模糊、情感领域的宽泛和难以测量，在教学设计中往往较少重视这一因素。

学习者是学习的主体，是教学系统中最具创造力的力量。一旦忽视了情感因素的关注，就容易导致学习者的发展不健全，教学系统的残缺，最终导致社会这个大系统的残缺。因此，在教学设计和实践过程中，我们要重视学习者的情感因素，关注学习者的健康成长，提高教学效率，促进整个系统的完善与健全。

教学设计者必须关注学习个体的差异，尊重每一个学习主体的独特体验，多与学习者沟通和交流，想方设法为他们营造良好的学习氛围，满足他们的情感需要，使他们处于情绪高昂、兴趣浓厚、积极主动的学习状态之中。

第三，重视创新意识。当前的教学设计过分追求高效有序，为了实现预成的教学结果、让学习者获得更多的知识，无视学习者的创新意识的存在，把可能影响教学的干扰因素排除在外。

复杂适应性系统理论认为，创新的最佳地带在混沌的边缘，即在介于有序状态和混沌状态之间时整体系统是最具有活力的，此时，不仅个体的适应性增强，而且整体的适应度将达到顶峰。因此，教学设计应该关注学习者，重视学习者的创新意识。

这就要求整个教学活动的实施和开展不要过分追求高效有序，而是要宽容学习者偏离预设行径的行为，鼓励学习者对学习内容的质疑和提问。同时，加强师生之间对话和信息交流，以便在彼此的交流中思想碰撞，产生新的知识和见解。由于重视学习者的创新意识，学习者逐渐形成一种乐于质疑、乐于探索的心理倾向，课堂气氛更活跃，不仅增强了个体的适应性，也提高了整体的适应度。

第四，创造合作与竞争并存的环境。从客观上讲，合作与竞争是并存的。然而，当前的教学设计更多的是关注建构主义教学设计理论中的合作这一因素。在教学活动中，竞争是必然存在的。每个个体为了生存，必然需要自己的个性特长，必然要和其他个体竞争。

复杂适应性系统理论认为，合作与竞争是系统中各主体之间呈现的关系，是主体间相互作用的表现形式。每个适应性主体为了有利于自己的存在和连续，显然会根据环境的各种反馈加强自己的竞争力，同时也会加强一些与竞争对手的相互配合，这样就能很好地根据其他主体的行动来调整自己，从而推动整个系统的共同演化，并在共同演化的过程中提高整体的适应度。

因此，要重视学习者的主体地位，就要关注合作竞争并存的事实。这是教学设计不能回避的问题。教学设计不仅要营造合作的学习环境，也要适当开展有意义的竞争性活动。在竞争中，学习者不仅能够发展自己的个性特长，还能够学会互勉，学会宽容和理解。从而实现在竞争中合作，在合作中展开更高层次的竞争，加强整个系统的活力。

④技术适应性。 教学系统是一个有人参与的复杂适应性系统。人作为活生生的存在，其活动与相互作用推动着整个教学系统向前发展。在这一发展变化过程中，不仅有人与人之间的信息交换，也存在着人和环境中其他主体的信息交换。这些主体也包括技术。技术并不是中性的，相反，每一种独特的技术都具有其自身的内在属性以及应用的倾向性。

这些特性决定了甚至是限制了它所适用的范围。某种特定技术往往只适合于某种特定的任务，而非适用于所有任务。对于不同的教学任务，会有不同的技术与之相适应。同样，不同的教学风格也可能会有不同的技术与之对应。这并不意味着人和技术的平等，而是说技术是构建教学的积木，技术的介入在一定程度上改变了教学系统的构成方式。

正如复杂适应性系统理论所认为的，主体的主动性及其相互作用是系统演化的基本动因。技术的介入影响着教学系统的演变，技术也处在这一不断发展之中。

当一种新的技术进入教学系统中时，它通常会对该系统内正式与非正式的活动产生影响，并且也会影响原有的社会关系。这样，原有的平衡就很容易被打破，介入的技术将在这个环境中和现有的人、其他技术发生相互影响。当某两种技术共同介入教学系统竞争资源，或者是新技术和其他学习活动竞争资源时，就可能会引起负面影响；如果一种技术的应用能够促进另一种技术的应用，那么也可能会带来正面影响。在教学系统中，人是最具有活力的因素，尤其是教学设计者，应该统揽全局，关注活生生的存在，关注教学系统中各主体之间的互动关系，关注系统内部各主体之间的适应性、媒体技术的适应性。这样，充分考虑技术的适应性，无论是教师还是学生，可以通过合理地选用技术改变学习活动。同时，学习活动也会影响他们应用的技术。这样使得学生个性、学习活动与技术应用获得共同的发展。

2.2.2 多元智能理论

1983 年美国著名的心理发展学家霍华德·加德纳提出了多元智能理论。霍华德·加德纳认为，在传统的教育过程中，学校往往单强调学生在逻辑—数学和语文（包括读和写）这两方面的发展，而这并不是人类智能的全部，他认为不同的人可以有不同的智能组合。他在《心智的架构》一书中提出，人类的智能至少可以分成语言智能、逻辑数学智能、空间智能、肢体运作智能、音乐智能、人际智能、内省智能等七个范畴(后来增加至八个)。多元智能理论的这种框架最早只是在幼儿园学前教育以及小学教育的阶段进行推广，目前在中学、大学，甚至职业培训也是适合的。

2.2.2.1 多元智能概念的含义

（1）智能是一种生理潜能

在《再建多元智慧》一书中加德纳指出："智能指的是我们人类用某种特殊方法操作某种特别资讯的一种生理心理潜能。因此，它明显地包括了由精密神经网络系统执行的过程。每一种智能毫无疑问地都有它各自特殊的神经过程，这些过程在所有的人身上都是大致相似的，只是对有些人而言，某些过程可能比别的过程更为习惯些。"

加德纳认为智能是原始的生物潜能，是人类所特有的能力。这种潜能会因为一个人经验上、文化上以及动机上的不同而被人以不同方式来理解。除了极个别的、奇特的个体外，每种智能不会以单一的形式表现出来。对正常人而言，智能都是几种智能组合在一起解决问题或生产各式各样的、专业的和业余的文化产品的。

在心理学研究中，越来越多的证据显示，人先天具有一种执行某些特定智能运算的预先倾向，我们可以看到某些孩子对数字或文字或声音极为敏感，在对某些特定领域的刺激进行反应时速度明显快，而且对这些刺激进行反应时感到很愉悦。也就是说某些个体在某些方面具有很强的潜能，加德纳说他"感到有这种能力的个体不仅能轻松地学会新的式样，而且他那轻松的程度使他在一旦学会之后，根本就忘不了这种式样。简单的旋律在他心中回响着，语句在那里逗留着，空间或手势的外形轮廓随时都可以呈现到记忆中来，虽然这些东西暂时还没有受到利用”。而教育工作者必须了解学生的倾向及其最高可塑性与适应性，并且在此基础上对学生进行教育。

（2）智能是解决问题或创造社会重视的作品的能力

加德纳认为“一个人的智能必定会带来一套解决难题的技巧，它使个体能解决自己所遇到的真正难题或困难，如果必要的话，还使个体能创造出一种有效应的产品；智能又必定会产生那种找出或制造出难题的潜力，因而便为新知识的获得打下基础”。这意味着当人们积极地解决问题或者是创造他所处的环境中所重视的作品时，才能算是真正在运用他的智能。

加德纳同时指出，在现在这个社会没有一个人能完全精通某一单独学科的知识，更不要说精通所有的知识、拥有所有的能力了。文艺复兴时期男人和女人精通广博知识的时代已经一去不复返。既然必须选择范围和重点，就要选择对一个人适合的发展道路。因此，在现代社会中一个有智能的人不是一个会学所有知识的人，而是一个会识别哪些知识是重要的、值得学的人。

（3）智能是分布在一定的社会文化情境中的

加德纳认为在考虑智能概念时，我们必须要承认它不是只存在于个人头脑中的东西，而是要把智能当成是个人理想和社会需求之间相互作用的产物。任何一个个体可以在一定的范围内发展自己的能力，但是如果这种能力的发展与世界隔绝了，那这种能力就绝对无法发展起来，有很多这类的心理学实验和实际生活的例子（如狼孩、猪孩）。从这个观点出发，“我们就应该考虑到特殊的社会和经济结构，将个体的潜能和上述文化的需求结合起来。我们认为，个体在某一个文化领域中获取并发展知识的能力及有目的地运用这些知识的能力（均为智能的定义的关键），和个体大脑中的智力、社会所提供的激励这些能力的机会同样有关”。所以智能是个体和他所处的社会有效结合的表现。我们不能将智能看成像胃那样的生理器官，也不能看成像情绪、爱好那样的心理属性。至多只能说，智能是取决于个体所存在的文化背景中已被认识或尚未被认识的潜能或倾向。

人类个体的能力只代表了智能的一个方面，心理动力不仅是个人能力所促成的，也有赖于与社会的相互作用。人类需要社会组织和机构，促进个体这些能力的发展。在研究智能的时候我们必须考虑将中心从个体转移到个体与社会的相互作用上来，在研究认知因素的同时要考虑到其社会背景的作用。每个人的心理都与其特定的社会文化背景相联系，每个人的心理都是人类和社会活动的延伸。

加德纳认为人们在逐渐认识到智能的概念不能脱离个体所生活的环境的同时，也逐渐认识到智能在很大程度上存在于人的身体之外。特别要指出的是，智能分的概念认为人仅仅依靠自己的大脑单独从事生产活动的情况是微乎其微的。与此相反，人类个体需要与各种人、各种无生命的物体合作才能从事生产活动。因为这些存在着的实体与人类的活动如此密切地结合在一起，所以将它们看成是人类个体智能的触角和延伸，是很合理的。

2.2.2.2 智能的种类及筛选的依据

（1）八种智能的定义

①语言智能（linguistic intelligence）是指用言语思维、用语言表达和欣赏语言深层内涵的能力。

②逻辑—数学智能（logical-mathematical intelligence）是指人能够计算、量化、思考命题和假设，并进行复杂数学运算的能力。

③视觉—空间智能（visual-spatial intelligence）是指人们准确地感知视觉空间世界、辨别空间方向的能力。

④身体—运动智能（bodily-kinesthetic intelligence）是指人能巧妙地操纵物体和调整身体的能力。

⑤音乐智能（musical intelligence）是指人敏锐地感知音调、旋律、节奏和音色的能力。

⑥人际关系智能（interpersonal intelligence）是指能够有效地理解别人和与人交往的能力。

⑦内省（自我意识）智能（intrapersonal intelligence）是指人对自己的认识体验和调节控制能力。

⑧自然观察者智能（naturalist intelligence）是指观察自然界中的各种形态，对物体进行辨认和分类，能够洞察自然和人造系统的能力。

（2）确定智能的标准

①脑部受伤所引发的智能分离。加德纳在波士顿荣民医院研究脑部受伤或病变的病人时发现，在几个病例中，脑伤似乎选择性地损害某项智能，却保持其他

智能完好无损。例如，左脑额叶(布洛卡区)受伤的人可能大部分的语言智能被破坏了，因此产生说话、阅读和书写方面的困难，但是他仍然可以歌唱、计算、跳舞、情绪反应，以及拥有良好的人际关系；右脑颞叶受伤的人可能损害他的某些音乐能力；而额叶受伤主要可能影响到他的人际和内省智能。于是，加德纳便着手证明不同智能如何存在于相当有自主性的大脑系统中——这就是一个流行于20世纪70年代，更为复杂、更新的“右脑/左脑”学习模式。

②专家、奇才的存在。加德纳提出，有些人在某项智能方面表现杰出，就好像高山从平地崛起。专家或奇才指的是某一项智能超越常人，然而其他智能并不怎么样的人，他们好像只为八项智能中的某一项而存在。例如，在根据真实事件改编的电影《雨人》中，达斯汀·霍夫曼饰演的雷蒙是一位逻辑—数学奇才，他能快速心算多位数字及做其他令人惊奇的数学难题，然而却不善于与人交往，语言能力低下，并缺乏对自我的了解。有些专家奇才绘画表现突出，而另一些音乐记忆奇佳(如听一遍就能演奏)，还有的则可以读出复杂的资料却不理解其中的意思(一种语言理解能力的障碍者)。

③智能的发展轨迹和专家的优异表现。加德纳提出智能是由于参与某种有文化价值的活动而被激发，而且在这种活动中个人智能的发展会遵循着一个特殊的轨迹，也就是说，每项活动在幼年时期有它出现的时机，一生中有巅峰时期，到了老年会有迅速或逐渐下降的规律。例如，音乐作曲似乎是最早有文化价值的活动之一，可以发展到很高的水准：莫扎特仅四岁就开始作曲。很多作曲家和演奏家在他们八九十岁时还很活跃，因此音乐作曲的能力似乎在老年也能保持旺盛。

反之，高等数学有着不同的发展轨迹。它不像音乐作曲能力出现得那样早，但确实可以在年轻时便达到巅峰。许多伟大的数学和科学概念就是由青少年发现提出的，如巴斯噶和高斯。事实上，回顾数学概念的发展历史，没有什么独创的数学概念是四十岁以上的人发现的。作为一位高等数学家，一旦到了这个年纪，就被认为是过气了，但是我们大多数人可以松口气，因为这种衰退通常不会影响像结算账目这种实用能力的。

另外，一个人可以在四五十岁或更晚时成为成功的小说家，甚至可以在七十五岁以后成为画家。加德纳指出，我们需要运用几种不同的发展图来了解八项智能。皮亚杰提供了一个全面的逻辑—数学智能发展图，加德纳(1993)主张透过研究那些真正的奇才运用智能的“优异表现”，来看清楚智能运作的巅峰。

例如，我们能够透过研究贝多芬的《英雄交响曲》，观察音乐智能的运作。

④进化的历史和进化的可能性。加德纳断定八项智能中每项都与人类，甚至与更早的物种进化有渊源。例如空间智能可以从某些昆虫寻找花蜜的定位方法中来研究。同样的，音乐智能可以从早期乐器的考古学证据和各种鸟类的鸣唱中探索。

多元智能论也可以从历史背景的角度来切入，也就是说，某些智能似乎在过去比现今更重要。例如美国一百年前比现在更重视肢体—运动智能，这是因为那时候大多数人居住于农村，收获谷物和修建谷仓的能力受到社会的重视；同样的，某些智能在将来可能会变得更为重要，例如随着更多的人从电影、电视、网络中获取资讯，空间智能的价值会逐渐增加。

⑤心理测验学提供的证据。对于人类能力的标准化测验，让大多数的智能理论以及许多学习策略理论可以用来确定一种模式的效度。尽管加德纳不是标准化测验的拥护者——事实上，他是真实测验 (authentic assessment) 的热烈支持者，但他还建议我们可以观看现存许多元智能的标准化测验 (尽管加德纳指出标准化测验评价多元智能的方式明显地脱离真实情境)。例如，韦氏儿童智能量表的子测验中，需要运用语言智能 (如信息、词汇)、逻辑—数学智能 (如算术)、空间智能 (如图画排列)，以及低程度的肢体—运动智能 (如组装物体)；还有其他开发个人智能的测验，如文兰社会成熟量表以及考伯史密斯自尊测验，都可以找到对多元智能的支持证据。

⑥实验心理学提供的证据。加德纳认为透过观察某些实验心理学的研究，我们可以亲眼看见每项智能独立运作的情形。例如，受试者在研究中熟悉一种特殊认知技能 (如阅读)，但是这项技能却不能转换成其他技能 (如数学)，这时我们看到语言智能不能转换为逻辑—数学智能。同样的，在研究认知技能 (如记忆、知觉或注意力) 时，我们看到个人拥有的能力是有选择性的。例如，有些人可能记忆文字的能力过人，但却记不住人的面貌；有些人对音乐的感觉敏锐，但对说话的声音却不敏锐。因此，每项认知能力有其智能专属，也就是说，人们可以在每项认知领域里以不同的熟练程度来表现八项智能。

⑦一种或一套可辨认的中央操作系统。加德纳认为就像电脑程式需要一套操作系统 (如 DOS 系统) 才能工作一样，每项智能也拥有一套中央操作系统，用来驱动其各种固有的活动。例如，在音乐智能里，中央操作系统的组成部分包括

对音调敏感或辨别各种节奏结构的能力；在肢体—运动智能里，可以包括模仿他人身体动作，或掌握建造某个结构时所需的特定精细动作习惯的能力。加德纳推测这些中央操作系统未来可能可以在电脑中精确辨认，甚至模拟。

⑧容易用符号系统来编码。根据加德纳的看法，智能表现最好的指标之一是人类运用符号的能力。“cat”这个词仅是一些印刷符号的特定组合，然而它可以唤出你脑中有关这个词的全部意义的联结、影像和记忆，而把某件实际不存在的东西再现出来。加德纳认为符号化的能力是区别人类与其他动物最重要的因素。他特别提到，他的理论中的每项智能都符合能够使用符号表示的标准。事实上，每项智能都有其独一无二的符号系统。对于语言智能来说，它有许多口头和书写的语言，如英文、法文和西班牙文；空间智能则包括建筑师、工程师和设计师所运用的一系列图示语言，以及某些表意文字(如中文)。

2.2.2.3　多元智能理论的基本观点

(1)智能是多元的和有差异的

在《多元智能》一书中加德纳写到“我对下面的观点表示怀疑，那就是：所有的人在每个领域里的天赋都相同”。

以加德纳的观点，“多元”不仅指相对于单一智能论来说，人类具有八项彼此独立的智能，而且指智能组合也是千差万别的。如同那句老话：“世界上没有两片相同的树叶”，世界上也没有智能结构完全相同的两个人。

与认为人类个体能够按照一元化的智能顺序排列的观点相反，加德纳认为人类个体不但在自己的智能强项和弱项上存在着极大的差异，在认知的方式上也不同。

智能单一化的观点认为可以使用相同的认知标准来衡量世界上所有的人。但是如果我们能够超越这种观点就会发现，这个世界上每个人的心理都与其他人不同。智能多元化的观点提出了七到数百种智能。当然，这些智能的简单结合和重复结合，还会产生不可计数的智能种类。如果再加上以下两个认识——每个人的心理都与其特定的社会文化背景相联系，每个人的心理都是人类和社会活动的延伸——就更能证明每个人都有完全不同于他人的心理。我们每个人看起来都不相同，我们的性格不同，我们的心理毫无例外的不一样。虽然所有人都具备这些智能，但是没有人(甚至连同卵双胞胎都不例外)的智能强度总和是一样的。

加德纳认为我们每一个人有各自独特的智能组合。尽管在分析智能时将智能分为八种，但是在个体的发展过程中，每一个人都具有这些智能的潜能，都依照各自的倾向或所处文化的偏好去动员或连结这些智能。多元智能理论中最重要的观点就是要认真地考虑人类的个别差异。

在谈到个别差异时，加德纳认为有三层含义："我们每一个人都是不相同的；我们并没有相类似的心智（也就是说我们并不只是在一个钟形曲线上的不同点）；如果我们能把这些个别差异列入考虑，而不是不承认或忽略这些个别差异，教育将会更有效率。"

从我们物种成员的角度来看，我们基本上是相似的；但是当我们把每个人独特的遗传蓝图列入考虑时，我们每个人就取得不同的潜能。而我们不同的家庭和文化环境保证我们每一个人都会成为独特的人，因为我们每个人的基因和经验都是独一无二的，也因为我们的大脑要自己解释其中的意义，世界上没有两个人、没有两个意识、没有两个心智是完全相同的。因此，每一个人对于世界都是独特个体，这就是智能多元化的观点。

智能多元化的观点承认存在许多不同的、相互独立的认知能力，承认不同的人具有不同的认知能力和认知方式。而且在人类生存的复杂多样的环境中，更需要多种智能的组合。

（2）各种智能既独立又共同起作用

这八种智能是彼此区别的独立系统，每种智能都源于大脑中的一个独特部分。加德纳说："智能'在相当程度上是彼此独立存在的'，'智能的这种独立性，意味着即使一个人有很高的某一种智能，如数学逻辑智能，却并不一定有同样程度的其他智能'。"他举出一些生理学研究的依据来支持这一看法。例如，当人的神经系统受到损害时，并不是所有的能力都受到同样的损害。如果大脑左半球受损，会失去语言能力，在一定程度上却不影响音乐、空间、人际交往能力。如果大脑右半球受损，则会出现相反的结果。所以加德纳说，八种智能都相对独立地存在于大脑之中，各有不同的神经组织。

尽管上述每种智能彼此独立，但在解决问题时是相互作用的，常常需要几种智能在同一件事上一起发挥作用。"事实上几乎具有任何程度的文化背景的人，都需要运用多种智能的组合来解决问题。"

（3）各种智能是平等的

加德纳认为，将逻辑和语言智能置于中心位置，反映了西方文化的价值观，"但从更高的奥林匹亚山上俯视，全部八种智能应有相同的地位。将其中有些叫作才能，有些叫作智能，就是偏见。如果你愿意，可以把他们叫作才能，或者全部叫作智能”。

人的智能表现在各个方面，每种智能都有同等重要的作用，并不一定要在某个领域成功才算智能高。加德纳认为八种智能的区分避免了斯皮尔曼智能的一般因素论的局限性。一般因素论强调的一般能力——语言与逻辑能力，实际上只是智能在书面测验的结果，用这种测验的方法测不出主体其他出色的能力。八种智能的区分也避免了智能差异论的一些问题，因为差异理论没有利用生物学上的任何成果，它只不过是测试成绩之间相互关系的结果。

（4）智能的文化性和情境性

加德纳还指出，智能受文化背景的影响，不同的历史发展时期和文化背景强调不同的智能组合。在古老的社会，人们很重视身体运动、空间和人际交往的能力。比如狩猎时期的狩猎技巧和熟知地形，就比学习快速加减重要得多。在现代社会，人们十分关注语言能力和数理逻辑能力，通常的智能测验也主要测量这两方面内容，学校的考试称这两项是基础的基础。加德纳预测，在不久的未来，由于计算机在生活中的普遍运用等因素，作为程序设计的数理逻辑能力和作为自我控制的自我意识能力将会变得尤其重要。值得注意的是，加德纳很重视自我意识能力，把它看作智能的一个组成部分。自我意识能力实际上就是元认知能力，加德纳和斯腾伯格从各自的研究中不约而同地看到了主体自我认知和控制的重要性。

（5）智能的创造性

加德纳认为，智能是解决问题和制造产品的能力，这种对智能的理解具有很强的创造性。因为创造性就是在新的情境下，解决新的问题，制造新的产品。我们发展多元智能，实质是要培养每个人在新的情境下的创造性，从而更好地适应和改造环境。这种观点在我们今天这样一个飞速发展的社会中是非常有必要的。创新是今天社会发展的动力。

2.2.2.4　八种智能的阐释

（1）语言智能

①定义。语言智能 (linguistic intelligence) 是指用言语思维、语言表达和欣赏语言深层内涵的能力，也就是人有效运用口头语言或文字语言的能力，这项智能包括把语言的结构、发音和意义等知识结合起来并运用自如的能力。这项智能涉及人们对口头语言和书面语言的敏感程度，学习多种语言的能力，以及使用语言

达到某个目的的能力。一般来说律师、演说家、作家、诗人和教师通常都是具有较高语言智能的人。

②功能。加德纳用诗人对语言的使用来说明语言的核心操作方式。他认为，人们对语言的使用，首先表现在对文字的敏感性上，正是由于这种敏感性，人们才能分辨出不同文字之间细微差别以及所带来的不同感受。其次是表现对文字排列的敏感性，因为每一种语言都有其语法规则，文字的不同排列方式可能表达完全不同的含义，像中文中“不是我”“我不是”“是我不”，简单三个字的不同排列就表示了三种不同的意思；而对语言有贡献的人又能打破一定的语法规则，创造出新的语法规则。再次是对语言功能的敏感性，比如如何运用语言使其具有说服力或传递不同情感的能力。虽然我们并不是诗人，但我们也具备这些对语言的敏感性，我们可以掌握语言中的音韵、语法、语义和语用。语言就是这样一个“最广泛最公平的在人类中得到分享的一种智能”。

加德纳认为，语言一直是人类社会不可或缺的“人类智能的卓越典范”。对一般人而言，语言有四个方面的功能：第一，语言的口头运用，我们可以借助语言的运用去说服别人采取行动，这是每个人都需要的一个最普遍的功能。第二，语言的记忆潜力，即使用语言这一工具帮助一个人记忆信息。语言具有增进记忆的功能，人们可以借助于语言将自己的所见所闻记录下来。第三，语言的解释作用，由于文字的发展，现在很多知识都是通过语言来进行解释和传递的。第四，反省功能，即用语言反省语言本身的能力。

加德纳认为，虽然语言可以通过手势、文字来表达，但是从本质上讲，仍然是一种让耳朵听到的一种声响系统和信息的产物。

③强势特征。语言能力强势的人在说明一项事物时，能够讲得条理分明、深入浅出，并适时列举恰当的例子，让人一听或一读就懂；他可能很擅长以言语带动他人的情绪或说服别人接受自己的观点，他可能很善于运用语言记忆信息或讲述语言本身。

在语言能力发展很好的人身上，我们可以看到以下特征：能够倾听并反应口语的声音、节奏及变化；能够模仿他人的声音、语言；通过倾听、阅读、写作及讨论来学习；有效地倾听，能够理解、释义、分析并记住别人所说的内容；有效地阅读，能够理解、概括、分析或解释，并记住所阅读的内容；能够结合不同目的针对不同听众有效地说话，懂得随机应变，简要、善辩、有说服力或热情地说话；

有效地写作，能了解并活用语法规则、拼写、标点，也能有效地运用词汇；显示出学习其他语言的能力；运用听、说、读、写进行记忆、沟通、讨论、解释、说服、创造知识、构建意义以及对语言本身进行反思；致力于增强自己语言运用的能力；对新闻杂志、诗歌、讲故事、辩论、演讲、写作或编辑等有浓厚的兴趣；创造新的语言形式、创作文学作品或口语沟通作品。

④教学方法。由于语言智能的重要性，所以，在学校中对语言智能的培养就格外受到重视。在坎贝尔的书中就建议，在不同的年级水平和各类主题的教室，教师都应当创设丰富的语言环境。在这种环境中，学生能频繁地说话、讨论以及解释……其中尤为重要的是能够激发学生的好奇心。当学生有足够的安全感提出问题或争辩时，他们对学习的兴趣就会被极大地调动起来。在讨论及争论过程中，当学生学会为自己的观点辩护时，就会增强其自信心。当他们有机会讨论或把自己所学的知识教给别人时，就会更深入了解课程内容。然而在现实中，我们发现，在大多数的教室中大部分时间就是教师对着一群被动听讲的学生讲完课程的。

即使在以听讲为主的课堂上，教师也很少给学生传授听讲的技巧。然而，人只有通过听讲才能学会正确、有效而生动地使用词语。缺乏有效听讲的技巧，成为许多课程失败、误解甚至造成身体伤害的原因。说话是另一种必备的技能，若无大量的练习与鼓励，说话技能就无法有效的发展。有效的写作也有赖于练习和广泛而有思想的阅读。在一个成功的班级中，任何学科都必须积极而协调地发展前面所提到的四种语言技能。语言智能这四种成分的发展，对人生中取得任何学科学习的成功都有显著的影响。

语言智能的教学方法主要强调以下几种：首先，创设一个语言的学习环境；其次，帮助学生在倾听中学习；再次，让学生学会有效地说话；然后，要让学生阅读；最后，学生要学会写作。

我们在进行语言教学的同时要充分考虑不同学生的智能特征，创造出适合学生的学习环境。以阅读为例，我们可以采用以下方式：帮助学生利用语言优势学习阅读，口语型的学生可以把自己的话写下来，再读；也可以录下来，或写成书，边听边读。利用空间优势学习阅读，可以利用视觉特征，如图画的辅助，颜色的变化等。利用身体—运动优势学习阅读，用身体描述文字对他们的阅读学习具有促进作用，可以用哑剧、舞蹈或戏剧演出的方式将语言的意义表现出来，他们就可以很好地记住文章的内容了。帮助学生用音乐优势学习阅读，让学生学习歌谣，或者根据一些音乐的节奏进行朗读，以及配乐故事等。

利用逻辑—数学优势学习阅读，这些学生喜欢寻找规律和模式，所以让他们在阅读时主动去寻找规律，增加阅读的兴趣。帮助学生运用人际智能优势学习阅读，采用社交方式进行阅读学习对他们来说是一件很有趣的事情，可以让他们轮流读课文，或互相提问，小组讨论课文内容会对他们学习很有帮助。帮助学生利用内省优势学习阅读。他们习惯自己学习，可以让他们在安静的环境下学习，或运用读书笔记的方式学习。

（2）音乐智能

①定义。加德纳在《智能的结构》一书中将音乐智能放在第二位进行分析，可见他对音乐智能的看重，因为他认为音乐和语言一样都有久远的发展史，而且他们可能源于同一种表达媒介——声响的表达。按照加德纳的观点，在个体可能具有的天赋中，音乐天赋是最早出现的。

音乐智能 (musical intelligence) 是指人敏锐地感知音调、旋律、节奏和音色等的能力。运用于歌唱、欣赏和创作乐曲中的智能，即察觉、辨别、改变和表达音乐的能力。这项智能包括对音高或旋律、节奏、音色的敏感性。一个人对音乐能够象征性的或自上而下的理解 (完全的、直觉的)，形式的或自下而上的运用 (分析的、技术的)，或两者兼而有之。音乐智能强的人，如歌唱家、音乐爱好者、音乐评论家、作曲家、音乐演奏家。

②次能力。加德纳分析了在音乐方面具有突出贡献的人们对音乐的运用，从而归纳音乐能力的核心要素。因为音乐的最主要的构成因素是音高 (旋律)、节奏和音色，音乐就是以某种听觉频率发出的和按规定系统组合起来的声音。因此人的音乐智能主要有三个层面：第一，对音乐有敏锐的感受；第二，能够正确无误地唱出或以乐器弹奏出曲调；第三，创作曲调。

③强势特征。音乐智能强的人具有以下特征：对聆听并反应各种声音感兴趣，包括人类的声音、周围环境的声音和音乐，而且能把这些声音组成有意义的形式；在学习环境中，喜欢并寻找机会倾听音乐或周围的声响；渴望沉浸于音乐中，仰慕音乐家，并能从中学习；能够以动作表现音乐，如指挥、表演、创作或跳舞；情感方面能体会音乐的情调和节拍；理智方面能讨论、分析音乐，能从美学的角度评价并探索音乐的内容及意义；辨认、讨论不同的音乐风格、类型及文化差异；有兴趣探讨人类生活中音乐所产生的、持久的重要作用；搜集音乐及各种形式的

音乐信息，包括录音带和印刷品；搜集并演奏乐器，包括合成乐器；发展歌唱及独奏或合奏一种乐器的能力；使用音乐的词汇和符号；发展了个人听音乐的特殊爱好模式；喜欢模仿和欣赏各种声音，只要给出音乐片段，就能用某种方式表现有意义的音乐；对作曲家在音乐中所要传达的思想做出自己的解释，能够对音乐片段进行分析和评论；对于音乐相关的职业感兴趣，例如成为歌手、乐器演奏家、声音工程师、音乐制作人、音乐评论家、乐器制造者、音乐教师或指挥家；创作音乐作品及制作新的乐器。

音乐智能强势的学生经常会不由自主地哼唱曲调，一听到音乐，他们马上就会随着音乐一起唱或随着音乐的节奏摇动身体。他们很多人会演奏某种乐器，或是参加了学校的乐队、合唱团，但是也有些学生并不是以表达的方式，而是以欣赏的方式来体现音乐才能的。他们对乐曲或歌曲的内涵有深刻的理解，能产生共鸣。他们对声音很敏感，有时别人听不到的细微声音，他们也可能会听到。这样的学生会表现出如下特征：喜欢玩乐器；对曲调敏感，记忆准确；能听出别人的演奏和演唱的准确性；喜欢一边听音乐一边看书；喜欢收集音乐；爱自己唱歌给自己听；喜欢跟着音乐打拍子。

④教学方法。柏拉图说过：“节奏与和声蕴藏于灵魂深处，并在那里掌握着最强有力的支配权，滋润身心，这些只有从受过良好教养的人身上才能发现。”从柏拉图的话中我们可以看出音乐教育是多么重要。但是很可惜的是，我们现在的音乐教育并不令人满意。“零点项目”进行的“艺术推进项目”进行了有益的探索，引起世界对音乐教育的重新认识。1987 年“全美音乐教育工作者会议”强调了音乐教育的意义，因为音乐是所有人天生的一种智能，有必要进行培养；音乐具有创意和自我表现的特点，能够表现我们最崇高的思想和情感；音乐教导学生有关自身与他人的关系，包括本国文化和外国文化；音乐为学生提供了课程中其他方式所无法体验到的成功途径；音乐增进所有学科领域的学习；音乐帮助学生学习到并非所有生活事件都可以量化；音乐净化人的心灵。

当我们把音乐当作一种智能来看的时候，我们所进行的音乐教育就和音乐教育课或音乐技能训练有所不同了。我们应该本着全面发展的原则，通过表演、欣赏创作及思考等形式培养学生对音乐的积极态度，并理解音乐和学习的关系，促进人的音乐能力的发展。

首先，让音乐成为学习的一部分。音乐应该成为学生学习环境的一部分，而且是重要的部分。在教室里播放一些宁静、舒缓的音乐有利于帮助学生放松心境，集中注意力。把音乐引入教室是音乐教育的第一步。在教室内分享不同风格的音乐作品，是培养音乐鉴赏能力的基础。学校要为教师提供聆听、演唱、表演各种音乐作品的机会。教师要引导学生从聆听音乐到主动地、有系统地欣赏音乐，要组织学生讨论音乐作品，提高对音乐的鉴赏水平。如果学生能够有机会参加高水平的音乐会，领略音乐震撼人心的魅力，将会让学生感受到音乐对他们的影响。如果在音乐的选择中能够包含与课程内容相关的信息，对学生的帮助会更大。

其次，通过音乐进行学习。通过音乐的节奏、旋律帮助学生进行字词学习、阅读学习是很有效的学习方法。我们不是要把每一个学生都培养成音乐家，但我们可以利用学生对音乐的先天敏感能力帮助学生学习有用的技能。音乐和历史、文化都有紧密的联系，通过音乐，学生可以了解每个历史时期的特点，理解每个国家的不同文化。数学、科学、自然也可以通过音乐学习。

最后，用音乐激发学生的创造力。创造乐谱、改写旋律、改编歌词都可以使学生发展创造力。音乐可以成为激发学生灵感的源泉，运用音乐创造故事、自己制作乐器等都会使学生的创造力得到良好的发展。

（3）逻辑—数学智能

①定义。加德纳认为逻辑—数学智能与语言和音乐智能不同，它不是发源于听觉和声音的领域，而是起源于人与对象世界的相遇，因为在“与对象的相遇中，在安排与重新安排他们，在估计他们的数量时”，才获得了逻辑—数学领域最初、最基本的知识。也就是主体对客观对象的安排和再安排，从中发现关系。数理逻辑智能发达的人，对抽象的概念非常敏感，擅长推理，思考时注重因果关系，数学家天赋中最核心、最难以替代的特征很可能便是其熟练处理擅长推理系列的能力。

在论述逻辑—数学智能时，加德纳借鉴了皮亚杰的研究。加德纳认为，皮亚杰对逻辑—数学智能的发展研究非常杰出，他从儿童对物质世界的行为中找到了逻辑—数学智能的根源，通过对儿童发展的论述揭示了逻辑—数学智能的本质。尽管有专家认为逻辑和数学是两回事，但加德纳认为逻辑和数学虽然有不同的发展历史，但是他们现在走在一起了。因为“要想在两者之间划一条分界，那是不可能的了。实际上，它们是一回事。它们的区别就像男学生和男人的区别一样。逻辑是数学的青年阶段而数学又是逻辑的成人阶段”。

逻辑—数学智能 (logical- mathematical intelligence) 是指人能够计算、量化思考命题和假设，并进行复杂数学运算的能力，是有效地运用数字和逻辑推理以及科学分析的能力。这项智能包括对逻辑的方式和关系、陈述和主张 (假设、因果等判断)、功能及其他相关的抽象概念的敏感性。用于逻辑—数学智能的各种方法包括：分类、分等、推论、概括、计算和假设检验。逻辑—数学智能强的人，有数学家、财务管理师、统计学家、科学家、电脑程序员或逻辑学家。

②次能力。逻辑—数学智能包含的要素有数学计算、逻辑思维、问题解决、归纳和演绎推理、对模型和关系的辨别等。其核心是发现问题和解决问题，包括对逻辑的方式和关系、陈述和主张 (如果……就……、因为……所以……)、功能及其他相关的抽象概念的敏感性，包括分类、分等、推论、概括、计算和假设检验。

③强势特征。逻辑—数学智能强的人具有以下特征：理解环境中的物体及其功能；熟悉数量、时间和因果的概念；使用抽象符号来代表具体事物和概念；显示出解答逻辑问题的技能；理解形态和他们之间的关系；提出并检验假设；使用各种数学技能，如评估、运算规则、解释统计数据及图表信息；乐于进行复杂的运算，如物理、程序设计或研究方法中的计算；通过搜集证据、形成假设、构建模式、发展例证、建立强有力的论点进行数学思维；运用技术解决数学问题；对财务管理、计算机技术、法律、工程和化学等职业表现出兴趣；在科学或数学上，创造新的模型或有敏锐的洞察力。

逻辑—数学智能强势的学生习惯抽象思考。他们喜欢探索事物的模式、类别和相互关系；他们会主动地、有计划地、有秩序地改变环境，试验种种不同的可能性；他们思考并质疑各种自然现象。这些学生喜欢待在电脑旁，或在实验室里解决各种难题，他们喜欢益智问答、逻辑游戏或任何用脑的游戏。

④教学方法。运用逻辑—数学智能进行教学的方式有：采用不同的提问策略；提出开放式问题让学生解答；构建重点概念的模型；要求学生用具体物体证明他们的理解；预测和改变逻辑的结果；在各种现象中辨认模型和各种事物之间的联系；要求学生判断他们的陈述和观点；提供观察和调查的机会；鼓励学生在学习中构建意义；把数学概念和程序与其他学科领域和实际生活联系起来。

（4）视觉—空间智能

①定义。加德纳认为，视觉—空间智能作为一种有悠久历史的智能，很容易

在现有的一切人类文化中观察到。这种智能在许多科学领域的发展上都起到了重要的促进作用，科学家和发明家在进行科学研究时，经常借助于呈现鲜明的形象来解决问题，如开普勒发现苯的环状结构就受到扭曲的蛇的形象的启发，还有DNA的双螺旋结构的发现也有异曲同工之处。在艺术方面，空间思维的重要性显得尤为突出，绘画、雕塑、设计等都是需要对视觉和空间的世界有极敏锐的感受，那些世界美术史上的大师们或靠天赋或借助有目的的练习，使自己具有精确的视觉记忆和再现的能力，为我们创造了无数伟大的作品。而在不同的文化和种族的生活中，视觉—空间智能也在扮演着重要的角色。

视觉—空间智能(visual-spatial intelligence)是指人们利用三维空间的方式进行思维的能力，是在脑中形成一个外部空间世界的模式并能够运用和操作这一模式的能力，也就是准确地感觉视觉空间世界、辨别空间方向(如猎人、侦察员或向导)，并把所知觉到的表现出来以及用图画表达头脑中想象的概念(如室内装潢师、建筑师、艺术家或发明家)。这项智能包括对色彩、线条、形状、形式、空间及它们之间关系的敏感性，这其中也包括将视觉和空间的想法立体化地在脑海中呈现出来，以及在一个空间的矩阵中很快地找出方向的能力。空间智能使人能够知觉到外在和内在的图像，能够重现、转变或修饰心理图像，不但能够使自己在空间自由驰骋，有效地调整物体的空间位置，还能创造或解释图形信息。这方面发达的人，善于通过想象进行思考，对视觉空间的感受性强，能从不同角度和层面来重塑空间。水手、工程师、外科医生、雕刻家、画家等都是具有高度发达的空间智能的类型。

②次能力。加德纳认为，视觉—空间智能的核心能力是“准确地知觉到视觉世界的能力，是对一个人最初所知觉到的那些东西进行改造或修正的能力，是能够重造视觉经验(即便在有关的物体刺激不在的情况下)的某些方面的能力。可以要求一个人制作出形式来，或只要求他操作那些提供出来的形式”。从这段描述中我们可以看到，空间智能也是作为一种合成能力出现的，这项智能大致可分为三大类的能力：

第一是传统智力测验所测的二度与三度空间的转换。如辨认出相同的图案，把一种图案进行变化或辨认变化后的图案；在大脑中进行想象对图案进行改造的能力；将空间的信息制作成图形的能力等。建筑师、工程师、设计师、医师、画家等职业特别需要这一层面的空间智能。

第二是方向感。飞行员、司机、向导、快递、猎人等是特别需要方向感空间智能的几项职业。

第三是对构成一件艺术作品的要素。包括色彩、线条、形状、体积、空间、平衡、阴暗、匀称、式样等，感受特别敏锐，想象力通常也很丰富。艺术创作特别需要这种空间智能。

空间智能是一种与视觉密切联系的能力，它是直接从对事物的视觉观察发展起来的，当一个人被要求去操纵图案或对象时，就会涉及这种能力了。而且在研究中我们也发现，运用空间智能时，也有人将这种空间的信息用文字进行描述，所以极有可能空间智能和语言智能以既相对独立又互补的方式进行作用。

③强势特征。视觉—空间智能强的人具有如下特征：通过看和观察学习，善于辨识面貌、物体、形状、颜色、细节和景物；在空间中能有效地活动和搬动物体，如移动身体，穿越洞穴；在没有足迹的森林中找到出路；在拥挤的交通中自如地驾车，或在河流上驾驶独木舟；感知和创造心理图像，善于进行图片思维并能觉察细节，在回想信息时可用视觉映象来辅助；通过图形标识或视觉媒介学习，能够解释坐标图、图式、地图和图表；喜欢涂抹、素描、绘画、雕塑或其他看得到的形式复制物品；改变物体的形式，如将一张纸折成复杂的形状且能够看到它的新形象；可以在脑海中进行空间移位，并能决定它们和其他物体的互动关系，如同看到齿轮带动机械零件的运转情形那样；可以用不同的方式或新的观点看待事物，例如不仅可以看到某个形状，还可以看到形状周围空间背景，或可以探测到隐藏在物体后面的形状；可以同时知觉到鲜明而细微的形态；可以创造出信息的具体的或形象化的特征；表现出对成为一个艺术家、摄影师、工程师、映象师、建筑师、设计家、航行者或其他形象类倾向职业的兴趣。

空间智能强势的儿童，很清楚屋子里的东西都放在哪里，他们很会找东西。他们对教室设计的变化很敏感，能最先注意到教室内摆设的变化。他们喜欢玩拼图、爱画画。他们的书上空白处可能填满了他们的作品。他们爱设计东西、玩模型。他们喜欢摆弄机器，家里的玩具会被他们拆掉。这些学生的主要表现是：愿意花时间创造艺术品；在思考问题时，脑中会出现清晰的图像；善于看地图、表格和图形，对这些资料的理解能力很强；能画出逼真的素描；喜欢看电影、幻灯、照片；喜欢玩拼图或走迷宫；爱做白日梦。

④教学方法。在学校中由于过于重视抽象能力的发展，学生的想象力发展受

到了严重的限制。而从发展的眼光来看，儿童必须先形成内心的图像，然后才能发展起抽象思维的能力。许多学生本来具有高度发展的图形识别能力，如果培养得当的话，他们会发展得很好。

首先，要为学生创设一个视觉化的学习环境。在教室里准备各种学生可用于视觉创作的工具，开辟专门的作品展览区，教室墙壁的色彩不能太单调，要通过色彩的丰富变化刺激学生的学习状态，通过不同形式的座位变化改变学生的视野，增加学生之间的互动。

其次，以视觉方式呈现学习资料。形象化的资料能有效地帮助学生学习、记忆学习内容。有很多形象化的呈现方式都可以增加教学的有效性。如流程图、大纲图解、事物发展结构图等。教师也可以通过改变材料的颜色、形状等方式帮助学生运用这些视觉信息进行记忆。

再次，帮助学生进行视觉化的学习。我们经常要求学生把所学的内容记录下来，如果将所有资料平铺的话，对记忆的帮助可能并不显著，教师可以教学生运用视觉化的方式记录和回忆学习内容。如画出概念地图，进行思维构图、主题图、心灵图示等都是很好的方法。

最后，进行视觉艺术教育。在艺术推进项目进行后，艺术课逐渐被认为是学生发展学习动机、进行高层次思维能力的培养、活跃学校气氛和提高学生学业成就的基础。可以通过艺术教育整合学科学习发展学生的艺术能力，并将这种能力延伸到整个学习活动中去。

（5）身体—运动智能

①定义。把身体的运动当做一种智能来描述是冒着很大风险的。因为在近代，人们把身神分开，将通过语言、逻辑进行抽象的思考摆到了极高的位置，而将身体运动重要性降低了。但是我们不要忘记，“对于身体的熟练运用，这一直是几万年来人类历史中十分重要的能力”。在古希腊，人们追求的就是身体和心灵的和谐与统一，通过心灵的训练达到对身体的有效控制，同时对身体的训练使其能反应心灵的变化。

身体—运动智能 (bodily-kinesthetic intelligence) 是指善于控制身体运动，善于运用身体动作表达思想和情感 (如演员、运动员或舞蹈家) 以及运用双手灵巧地操作物体的智能 (如工匠、雕塑家、机械师或外科医生)。这项智能包括特殊的身体技巧，如协调、平衡、敏捷、力量、弹性和速度，以及自身感受的、触觉的和由触觉引起的能力。在体育、舞蹈等活动上，这种智能体现得最明显。舞蹈家、运动员、外科医生、手工艺大师等都表现出高度发达的身体—运动智能。

很多人在理解和记忆信息时，习惯通过触觉和运动过程，如果大家还记得海伦·凯勒的话，那就一定会明白触觉学习是多么的重要，尽管我们没有像她那样失去视觉，但确实有些学生触觉运动神经通路比其他通路更有效。他们要动手摆弄物体和亲身体验去学习、理解，如果掐断这条通路，只要他们借助听和看学习，对他们而言是非常困难的。按皮亚杰的理论，对所有年幼的儿童来说，感觉运动学习是他们最重要的学习方式。不幸的是，在学校中视觉的学习和听觉的学习占据了主要位置，学生的学习主要借助于读书和听讲，运用身体运动进行学习的机会太少了。

②次能力。加德纳通过对哑剧演员的活动分析，指出身体—运动智能包含着两个重要的要素，即：第一，为了达到某种目的而使用身体，也就是有效地控制身体，善于运用整个身体来表达想法和感觉的能力。第二，熟练操作对象的能力，既包括手指与手的精细动作能力，也包括身体的大肌肉动作。它们的区别在于，一个以身体本身为对象，一个以其他事物为对象。

③强势特征。身体运动智能强的人具有以下特征：通过接触和动作探索环境和物体。喜好触摸、控制和摆弄所学对象；有很好的身体协调性和时间感；在直接投入和做的过程中学得最好。记得最清楚的是做过的，而不是说过的或看过的事情；喜爱具体的学习经验，如实地参观、建造模型，或参与角色扮演、游戏、装配物件、身体运动；在局部或整体动作活动中都显示出灵活性；能够敏锐地感受物理环境和物质系统；在演出、运动、缝纫、雕刻或键盘输入工作中展现出熟练的技巧；在身体动作中显露平衡感、优雅、灵活和精确性；具有协调身心和展现精细及完善身体的能力；理解健康身体的标准，并依此标准生活；对从事运动员、舞蹈演员、外科医生或建筑师等职业感兴趣；创造新的身体技能或创作新的舞蹈、运动或其他身体活动。

身体—运动智能强势的学生，通过身体感官进行学习，他们好动，坐不住，在他们之中有些擅长舞蹈，有些喜欢表演、模仿，有些爱做手工。他们很会通过手势、身体动作与别人沟通。如果没有机会运用他们的运动智能，他们可能在教室中表现出过分好动的行为。这些学生通常表现出这样的特点：体育运动表现突出；在椅子上坐不住，经常扭来扭去；喜欢体育活动；和人说话时喜欢用身体碰别人；善于模仿别人。

④教学方法。其实在学校中，各科的学习都可以通过模仿、角色扮演、动手实践等方式进行。对于习惯以身体运动来学习的学生，如果必须长时间静坐或不需要使用肢体的话，他的学习效率往往会受到极大影响。所以，一定要消除学生上课时的身体压力，并善于利用身体智能进行学习。

首先，创设身体学习的环境。教师可以通过有效的设计，改变现在教室内的固定桌椅摆放的形式，在教室内创设不同的活动空间，通过在不同空间的移动来满足学生运动的需要。

其次，通过表演的方式进行教学。在表演中学生的身体运动功能得以充分的利用，使学生借助自己的身体动觉理解教学内容，这种方式对所有的学生都会产生良好的学习效果，对身体—运动智能优势的学生效果尤为良好。

再次，通过操作进行学习。根据发展心理学的研究，对儿童而言，动手操作对学习至关重要，因而在学校中要给予学生更多的通过动手操作进行学习的机会。

最后，通过体育活动促进智能的发展。体育的内涵在当代已经有了进一步的发展。“全美运动和体育成果委员会”认为接受体育教育的人应该具有以下四个特征：他们学会各种表现身体活动的技能；他们能使自己的身体保持良好的协调；他们有身体运动的意识；由于他们对身体运动项目有清晰的认识，所以他们会选择适合自己的运动项目。

（6）内省智能

①定义。加德纳认为，在人格的发展中，有两个发展方向，一个是人内在方面的发展；另一个是转向外部、转向其他个体的发展。向内在方向发展的就是内省智能，而转向外部的就是人际关系智能。

内省智能 (intrapersonal intelligence) 是指关于构建正确自我知觉的能力，并善于用这种知识计划和导引自己人生，或者说有自知之明，并据此做出适当行为的能力。这项智能包括对自己相当了解 (自己的长处和短处)，意识到自己的内在情绪、意向、动机、脾气和需求，以及自律、自尊、自控的能力。自我意识智能发达的人，能深入探索自己的内心世界，分辨自己的心理状态，理解自我的内在感情并根据对自我的了解来调节自己的行为。

②强势特征。内省智能强的人具有以下特征：能察觉自己情绪的范围；找到表达自己情感和想法的方法；形成一个正确的自我模式；有确定并追求目标的动

机；有人生的一套伦理价值体系；能独立地工作；对人生的“大问题”，如意义、关怀与目的感兴趣；激励自己持续学习与成长；努力去挖掘与理解内在的经验；能理解自我与人类处境的复杂性；努力达到自我实现；有激发别人的活力。

内省智能强的学生个性比较强，他们往往不喜欢群体活动，喜欢自己独处。他们对自己的情感、认知的特点了解的非常清晰，他们喜欢通过记日记的方式表达自己的秘密。他们一般都有自己清晰的目标，会为自己心中的目标而努力。他们常常是：意志力很强，个性独立；在讨论有争议性的话题时，意见很鲜明；似乎经常是活在自己的个人内在世界里；喜欢单独一人，按自己的兴趣行事；很有自信；行为举止与众不同；喜欢个人的内在激励。

③教学方法。对于学生而言，具有较强的自我意识，自尊、自信、自控是非常重要的。因为自信的人在自己所处的环境中会有高度的安全感，会觉得自己是有价值的，才能够用有意义的方式与社会、他人进行有益的沟通。所以，学校的环境应该而且必须促进学生内省智能的发展。在这样的环境中每个学生都是平等的；每个学生都能积极地参与到学校的各项活动中；同时学生还应该有机会从事自己感兴趣的内容的学习。学校是一个最应保护学生自尊的场所，同时也是培养学生树立自信心的重要场所。

在教室里，教师应该运用各种办法帮助促进学生内省智能的发展。

首先，有效地运用积极的评价。教师可以运用公开赞美、鼓励同伴进行相互间积极评价、对自信心较低的学生在集体中展示等形式，帮助学生建立积极的自我形象。

其次，引导学生树立自己的目标并努力去实现目标。教师可以利用各种形式，使学生在学习、做事等方面学会制定自己的远期和近期目标，并能运用策略切实为实现自己的目标而努力。通过一个个近期的、小的目标的实现直到自己远大理想的达成。这样做会使学生看到自己的力量，为自己的努力而欣喜；也会根据自己的情况分析自己的问题，可以自己管理自己的生活。

再次，注重情绪学习。在学校教育中要重视情绪的作用，不能只从认知角度教育学生，应该允许学生表达自己的真情实感，在表达情绪的同时学会辨别自己的情绪，通过各种活动锻炼学生恰当地表现自己的情绪、调控自己的情绪。

又次，通过他人来了解自我。加德纳将内省智能和人际交往智能看成是人格的两个方面，说明两者之间具有密切的关系，所以可以让学生在与他人交往中感受别人对他的认知与情感，通过与他人交往的过程促进学生内省智能发展。

最后，促进学生学会反思。内省智能高的重要表现就是个人是否擅长进行自我反思，可以让学生通过日记、学习笔记等形式对自己的学习、生活进行深刻的反思。

（7）人际关系智能

①定义。人际关系智能 (interpersonal intelligence) 是指能够有效地理解别人和与人交往的能力，是一个人在与他人交往的过程中察觉并区分他人的情绪、意向、动机及感觉的能力。这包括对面部表情、声音和动作的敏感性，辨别不同人际关系的暗示，以及对这些暗示做出适当反应。

人际智能发达的人，往往善于察言观色、善解人意、相处融洽，通常还有很好的组织能力和领导能力。成功的销售商、政治家、教师、心理医生等都是拥有高度人际关系智能的人。

②强势特征。人际关系智能强的人具有以下特征：与父母关系密切并能与他人交往；能建立并保持社会关系；能认识并使用各种方法与他人联系；能察觉别人的感情、思想、动机、行为与生活方式；能参与团队合作，在群体活动中能够承担下至组员上至领导者的各种适当角色；能影响他人的意见或想法；能以书面及非书面的方式与他人进行有效的理解与沟通；能根据不同的环境或团体及别人意见，调整自己的行为；能洞察各种社会或政治议题的不同观点；能为特定目的组织他人或与不同年龄或背景的人一起工作；对教学、社会工作、咨询、管理或政治等具有人际交往类型取向的职业表现出兴趣；能创造新的社会化的程序或模式。

人际关系智能强的学生了解别人的能力很强，他们善于组织、沟通甚至控制他人。因为他们很能了解别人的想法和意图，所以他们容易成为群体的领导，也很容易成为群体的协调人。这样的学生常常有很多朋友，经常参加群体社交活动，喜欢课外活动，喜欢给别人当纠纷的调解人，宁愿和别人在一起，也不愿独处，有同情心。

③教学方法。在当前的学校中，尽管学生每天要在同一间教室内共同生活将近八小时，但如果我们进行认真的分析就会发现，其实在教室中真正的人际互动是很少的。所以，学校要为学生创造一个积极的人际交往环境，使学生能在真实的人际互动中发展人际关系智能。

首先，实现真正的合作学习。学生在学校中的一个重要任务是学习。随着社会的进步与发展，传统的竞争学习应逐渐让位于合作学习，因为在合作学习中可以培养每个个体的责任感和相互信任协同工作的能力，合作中出现的各种问题的解决将为学生的成长提供重要的经验，为他们今后进入社会生活打下基础。

其次，学会解决冲突。冲突是在任何时候都可能发生的，学生学会积极、有效的解决办法，对他们协调人际关系是极有好处的。他们可以通过冲突了解他人和自己的需要、学会进行有效的沟通、掌握说服他人的方式、可以学会尊重他人的价值观和爱好、欣赏他人的独特风格。这些都可以促进学生人格的良好发展。

最后，在为他人、社会服务中成长。学生人格的形成、社会责任感的建立在为他人服务中可以得到很好的发展。通过为他人、为社会服务学生可以了解社会、了解他人；开阔视野、增长见识；对自己今后在社会的位置进行初步认识，使学生在这些活动中融入社会，而不是钻进远离世界的象牙塔内生活。

（8）自然观察智能

①定义。自然观察者智能 (naturalist intelligence) 是指观察自然界中事物的各种形态，对物体进行辨认和分类，能够洞察自然或人造系统的能力。这是加德纳在 1983 年并未提出，而在 1995 年新扩充的一种智能类型。

加德纳认为这种智能的核心是一个人“能够辨识植物，对自然万物分门别类并能运用这些能力从事生产”。

②强势特征。自然观察智能强的人具有以下特征：兴致盎然地探索人类和自然的环境；善于寻找机会观察、识别、接触和关注事物；能够根据物体特征对其进行分类；善于确定种族成员间的关系或事物类别；探索动植物的生命周期及人类产品的制造；希望了解“如何运用事物”；对系统的变化和演变感兴趣；对于物种间或自然和人类社会系统间的关系感兴趣；运用显微镜、望远镜、观察笔记和电脑研究组织和系统；学习动植物、其他语言结构或数学模型等的分类；对生物学、生态学、化学、动物学、森林学或植物学等学科表现出兴趣；提出事物或系统发展分类的新方式、生命循环论或发现新的模型和关联。

加德纳认为发展学生的自然观察能力并不一定局限于自然世界，因为自然观察者智能的本质是人对周围世界 (包括自然和人文) 的观察、反映、联结、综合条理化的能力。从这种观点出发，培养学生的自然观察者智能就是要创造环境，使学生能够理解事物之间的联系。教师要引导学生学会观察周围的世界，多与自然接触、多到博物馆去学习，要给学生提供机会亲身实验、摸索自然界的规律。

加德纳认为上述八种智能是最基本的智能，人人都具有这些智能潜能。根据加德纳的观点，智能可能并不局限于现在所列的这八种，还可能有其他智能的存在，这为我们发展加德纳的理论提供了充分的空间。

2.2.2.5 多元智能教学的原则

（1）体现多元智能理论观点的教学原则

教学原则是教学中应该遵循的要求，其所以要遵循它，是因为它反映了教学的规律性，经过了人们的成功与失败的实践检验，按照它去教学，就能够取得比较好的教学效果。历来教育家在教育实践中都非常重视对教学原则的总结，以发挥它的指导作用。最早的教育著作《学记》中就概括了我国古代教学的经验，比如“及时而教”“不陵节而施”“导而弗牵，强而弗抑，开而弗达”等原则。孔子提出了学思结合、知行统一、温故知新等教学原则。夸美纽斯在《大教学论》中根据自然的根本原则提出了教学上的简明、透彻、愉快等原则。

教学原则是不断发展的，它是随着社会的发展、科学技术的发展、思想观念的变化而不断总结完善的。比如，由于近代科学的发展，科学研究中的一些原则和方法被借鉴到教育上来，直观性原则就是如此。科学家通过观察、实验等方法发现自然的规律，而为了掌握这些科学知识，理解科学的概念和规律，也需要通过直观的教学帮助学生理解和掌握。再比如，随着系统论、控制论等思想方法论的出现，在教育中也产生广泛的影响，斯金纳提出反馈的原则，布鲁姆提出掌握的原则（实际上就是目标控制的原则），巴班斯基提出教学最优化原则。总之，随着社会发展，教学原则的体系越来越丰富完善。

多元智能理论在教育界赢得了欢迎和声誉，对教育产生了很大的影响。但它主要是一种思想和观点，它并没有直接提供很多具体的操作方法，这就需要在理论与操作之间架起一座桥梁，这座桥梁就是教学原则。它既体现理论的精髓，把理论观点具体化为行动的准则，同时又指导具体的操作方法，把丰富多彩甚至繁杂的方法进行提炼和归纳，上升成为一些指导行动的准则。多元智能的教学原则是对教学原则理论的发展或者补充。

那么，体现多元智能理论观点的教学原则有哪些？根据上述分析，结合一些专家的论述，我们归纳出以下几条：

第一，根据必要和可能运用多元智能进行教学；

第二，利用差异，在教学中发挥学生智能强项弥补智能弱项；

第三，充分发挥学生的主动性和创造性进行教学；

第四，基于学生在具体情境中的行为表现进行评价。

这些原则还是在实施多元智能教学实践的过程中提炼出来的，是经过成功的和失败的实践之后的总结。当然，这些原则是否真正成立，能否为大家所接受，还有待于检验。

原则有原则的作用，不能因为它抽象就否认它的作用。原则虽然不能解决具体的操作方法问题，但是它能够给人指明探索的方向，不致于走入歧途。操作方法更带有艺术性，需要教师自己的创造，可以是丰富多彩的，然而，原则却是智慧的结晶。

（2）根据必要和可能运用多元智能进行教学

这个原则的基本含义可以概括为：为了使学生对所学知识及其思考方式达到真正理解并学以致用，应该结合课程内容自然地开发学生的多元智能；同时根据教师、设备、时间等可能的条件，教师采用多种教学方法、手段、形式进行教学，促进学生运用多种智能进行学习。

“多”是一个数量的概念，那么，多应该是多少？教师要运用多少种教学方法、手段，学生运用多少种智能？该条原则就是对这个数量与决定其多少的因素之间关系的一种规范和要求。

从反面换句话说就是：不是每个课题和内容都要运用到八项智能，运用多少种智能和哪些智能，要根据教学的目的、根据理解知识的需要、教师和学生的实际来确定运用哪些方法和智能，可以在 2~8 种。最好地达到教学目的是最重要的。美国教师纳尔森的经验值得我们借鉴，她说：“并不是所有课程都必须包括多种智力。有一些课就要采取直接和简化的方式来教……现在我既搞单一智力课也搞多种智力课，这样教学方式就比较平衡了。”

这一原则是刚开始进行多元智能教学实验的教师常常困惑的一个问题。当一种理论被证明是有吸引力的时候，人们一开始往往是“照猫画虎”式的模仿比较多。

所以当大家知道多元智能理论说每个人都有八种智能，并且我们要开发学生的多元智能时，教师们自然会想到，在我的课堂上，我怎么让学生把八种智能都使用上，我又该使用哪些方法和手段？这时，他们往往忽略了教学的目标、目的、任务、学生的水平等因素，这很像初学某一门技艺（比如骑自行车）的人，开始的时候，只能顾及一点，不及其余。但是当熟练以后，他就能够把注意力分配到所有的方面。

现在教师们意识到，方法和手段的考虑，只是诸多因素之一，在教学设计上需要把各方面的因素综合起来考虑。运用多少种方法和手段，使用多少智能，主要取决于两个因素：

第一是必要性。为了使学生达到真正理解并学以致用，结合课程内容自然地开发学生的多元智能的目的，我们需要运用哪些方法和手段，需要培养学生哪些智能。首先，要考虑的是课程的内容及其学习目的。比如，几何图形及其计算的内容，我们需要培养学生的空间智能和数学逻辑智能，那么就应该培养至少这两种智能。有一点是可以肯定的，要真正理解某个知识，靠一种智能往往是有局限的，运用多元智能和多种模式语言，有利于达到教学的目的。其次，要考虑学生的智能结构在哪些方面水平比较高，而又在哪些方面比较欠缺。比较欠缺的就需要培养，比如学生的空间智能差，那么就要尽可能运用多种方法去培养学生的空间智能。概而言之，一研究教材，二研究学生，在此基础上决定需要培养哪些智能和使用哪些方法。

第二是可能性和条件。具体又包括：教师的素质决定他能够使用哪些方法，教师习惯使用哪些方法，学校有哪些设备和条件可以利用，学生中有哪些比较突出的智能优势或其他资源。同样的课程内容，对于不同的学校、教师、学生而言，其所运用的方法和智能肯定是有差异的。总之，要坚持辩证法的“具体情况具体分析的方法，不要绝对化、一刀切、简单模仿利用差异，发挥学生的智能强项、弥补智能弱项、个别化教育是加德纳教育思想的核心。加德纳强调说：“每个个体都以不同的方式学习，表现不同的智能特点和智能组合。毫无疑问，如果我们忽略这些差异，坚持要所有的学生用同样的方法学习相同的内容，就破坏了多元智能理论的全部基础。”他还说：“对于有可能更大范围内学习的学生，多元智能理论的应用方式是多种多样的。最直接的方式是辨认并确定其智能强项的领域，然后给予他们发挥各自长处的机会。”他在《多元智能》一书第三篇的最后强调了四个重点，其中的四点就是阐述这个原则的。第三个重点是“承认不同受教育个体的强项存在差异”；第四个重点是“承担在每个儿童的教育中激发他们强项的责任”。

梅克教授谈到 DISCOVER 课程的哲学时，阐述了两个哲学观点：第一，是尊重个体差异；第二，是建立在每个学生的强项（the strengthes）和兴趣的基础之上。承认差异的客观存在，利用差异进行教学，促进有差异的发展（即强项的发展），这正是加德纳多元智能理论的精髓所在，是中国古老的“因材施教”原则的现代版。

如果说，上面的“因材施教”原则还是面对全班学生和大班教学而言的话，那么，这一条原则主要是针对学生个体差异和个别教学而言的。

这一原则的含义可以概括为：教师在了解每个学生智能特点的基础上，通过设置多种不同的任务，采用不同的教学方法手段和分组的形式，让学生有机会发挥自己智能上的强项和优势进行学习，或者弥补智能上的弱势。这一原则强调的是“差异性教学”。

为什么要提出这样一个原则？除了多元智能理论上的根据外，还因为提出这个原则在教育上的意义是多方面的。

第一，它能够增强学生的自信，使学生由于发挥了自己的能力和长处而肯定自我，这一点是教育的一个重要目标，也是一个人成功的基本条件，符合人才成长的规律。由于得到肯定而在此方面表现得越来越好，这种“良性循环”的情况在教育实践中普遍地存在。

第二，大大减少了因为找不到正确的学习途径而放弃学习、学习成绩不理想的情况。许多人在某门课程的学习中，由于自己的强项在教师传统的教学活动、方法和安排中得不到发挥，派不上用场，出现学习落后的现象。他既学不好知识，也没有发展那些长处使之更突出。发挥学生的智能强项，可以解决这个问题，取得一箭双雕的效果。某学生以前一上数学课就头疼，因为老师总是讲授、板书、练习，而他喜欢画画和想象，这些在课堂上是没有用武之地的。现在，老师运用多种方法，比如几何画板的演示、让学生动手操作、画图，结合生活情境的问题设计，运用合作学习方式，使他的智能强项得到了运用，学习数学的兴趣提高了，成绩有了进步。

原则说起来是容易的，做到却是困难的，因为这其中有太多的具体情况和复杂的操作过程。首先是教师如何了解学生的智能强项？根据什么来判断学生智能的强弱程度？在大班教学中能否运用这个原则？如果要通过分组的形式来发挥各自的强项，如何分组和组织？更重要的是，如何把学生的强项引导到突破他的弱势和不喜欢的学科上来？

（3）充分发挥学生主动性和创造性

加德纳本人并没有明确提出这样的观点，但是从实验中，我们可以发现，要使学生的智能得到训练和发展，强项得到发挥，不发挥学生的主动性和创造性是不行的。因为智能藏于人的头脑中，是属于个人的，它的表现与发展都有赖于个人的积极性和主动性。

这个原则的含义，是在教学中，教师应该创造各种条件和机会，促使学生主动学习，发挥自己的智能强项。至于学生如何运用多元智能呈现知识和学习，也应该发挥学生的创造性，让学生创造运用多元智能的学习方法，而不是完全依赖于老师去设计，老师去想办法。如果把多元智能的运用责任都放在教师的身上，那么不仅不能产生真正促进学生发展的效果，而且设计过程中还会存在很多局限，毕竟教师个人的智能有限，教师能设计出来的方法也有限。如果能够调动学生的主动性和创造性，学生可以想出很多方法、很多形式，因为学生是很有创造性的。

历来教育家都非常重视学生的主动性。第斯多惠说："不称职的教师强迫学生接受真理，一个优秀教师则教学生主动寻求真知。"他说，主动性是人固有的本性，"教育的最大注意力是培养主动性"。现代教育更是把主体性的培养作为教育的宗旨和原则。当然，发挥学生的主动性和创造性，关键是建立主动发展的机制。这些机制有内在机制和外在机制。内在的机制包括：第一，目标机制，学生若有自己的意愿、兴趣、目标、注意力所在，就能引导学生把他的时间、精力、注意力集中在目标上，而不用别人的督促。第二，方法机制，即学生掌握了自我学习、自我管理、自我教育、自我发展的方法和策略，就使他有可能把自己的主动性发挥出来，否则，学生就会很被动，等待别人的指挥和引导。第三，反馈机制，即学生对自己学习的结果加以了解、判断、评价，发现自己的成绩和问题，采取有效措施加以调整，以实现自己的目标，或者达成更高的目标。就外在机制而言，主要有：第一，时间和空间机制，即教师要给学生留出自己的时间和空间，就像绘画中的"留白"一样，在自己的时间和空间中，学生才能自己支配自己，才可能按照自己的意向和目标主动地学习。第二，激发机制，教师创造一些情境，包括问题的情境、实际生活情境等，引起学生主动探究的兴趣和欲望。第三，指导机制，即教师善于启发学生思考，启迪学生的智慧，教给学生学习的方法，使他们能够主动起来，在多元智能的研究过程中，这些机制同样是适用的。

（4）基于学生在具体情境中的表现和行为评价

加德纳非常重视“表现”，所谓表现是人在具体情境下的行为，也就是人在解决问题和制造产品时思维和行为上的具体情况。我们看学生的智能是否发展了，主要不是通过纸笔测验和考试分数判断，而是看学生在解决具体的实际问题时的表现，看学生能否把所学的知识运用到新的情境中，能否掌握学科特有的思维方式。

加德纳对这种表现和评估活动很重视。他在《多元智能》中提出的四个重点，有一条就是：“教育的重点是培养理解能力的表现，这些表现在情境中评估”。这也是加德纳的评估哲学。“情境、表现、评估”是加德纳评估哲学的三个关键词。

教学中贯彻这个原则，对教师的要求比较高。一是教师的观察能力。教师要善于观察学生的行为表现，搜集评估的素材，把观察记录作为评估的基本依据。二是教师对具体情境下的表现都有了解，如果教师不懂学生的行为表现，不懂在不同情境下某种智能是如何表现的，那他无法进行评估。这需要教师对各种表现的观察结果进行长期的积累，才能在任何时候都给出恰当的评估。

2.2.2.6　多元智能理论与教学环节

（1）在教学设计环节，进行多元智能教学设计

①多元智能教学设计的作用。教学设计是教学工作的开端，是对整个教学过程的考虑。教学设计是教师的教育理念、知识储备和文化底蕴、教学艺术等多种素质的综合反映。当教师学习了多元智能这种新的理论后，都希望体现在教学实践中。然而，一种理念的东西要变成现实的课堂的行为，是需要教师发挥自己的创造性的。但是创造是难的。教师运用多元智能理论指导自己的教学，第一个碰到的问题，就是“我怎么上这样的课？”

当教师还缺乏示范的时候，只能自己去尝试，而从尝试到找到一条成熟的路需要一个相当长的过程；当教师看过一些示范课后，如何结合自己的学科和自己的学生去设计，仍然需要自己的思考和创新。所以，学会运用多元智能的理论去进行教学设计，是教师首要的需要。

②多元智能教学设计的思路、方法和形式。教学设计即通常的备课。教师的

备课，不仅仅是写教案，它包括多方面的工作。多元智能教学设计活动，可以分三大部分：

第一，研究多样化的学生。这就涉及研究学生的什么？研究学生是为了什么？怎么研究？等一系列问题。至少应该研究三方面内容：第一，学生需要什么？他/她需要掌握哪些知识、能力、态度？注意，这些需要不是老师认为他/她需要什么，是从社会对人才的要求出发，从学生自身发展需要出发去考虑，学生是否真正感到了需要，他/她需要和感兴趣的东西是什么。这里还包括不同学生的需要上有什么差异。研究需要的目的，就是为了更有针对性地满足学生的需要。

第二，学生的智能状况。学生普遍的智能优势和弱势是什么？每个学生的智能强项和弱项是什么？了解的目的是为课堂上如何发挥学生主动性和智能强项、让哪些学生运用什么智能提供参考依据。比如学生普遍存在语言智能不强的情况，那么在课堂上就要加强语言能力的培养。比如某个学生的身体运动智能强，我们就要给他机会，让他在课堂学习中运用他的强项来表现。

第三，学生已有的知识基础是什么？他已经知道了什么？还不知道什么？教学主要是借助于学生已经知道的知识去学习不知道的知识，重点是解决未知问题。未知问题不等于新知识或者新课或新内容。某一篇新课文可能是学生都已经知道的东西。绝对不能简单地认为，老师还没有讲过，所以对学生来说就是未知的。了解这些情况，目的就是确定教学的起点和重难点。

如何研究学生？这是一个专门的问题。这里我们只是简述几种方法：

通过多元智能自评表，让学生填写并做分析，了解学生的智能结构，教师可以把不同智能强项的学生按智能项目整理成名单，提供给不同学科的教师，在教学时可以参考。

通过问卷形式调查学生的学习需要，既可以是综合的学习需要调查，也可以是单科的学习需要调查。内容涉及学习目标的指向、知识和课程内容、教与学的方式方法（包括对教师的要求和对教学设备的要求）、困难问题与障碍等四个方面，包括对知识的广度、深度、难度等的要求，对哪些知识有兴趣哪些没有兴趣，对不同的学习方式的要求，对情感、价值观、技能、能力等方面的学习要求，有哪些学习困难需要哪些帮助，对教师教学方式方法的要求等。

通过谈话的方式，了解学生的学习需要、知识基础、智能结构等内容。谈话既有课堂上的谈话，围绕着课文的学习与学生交流，从而了解学生学习和思维的情况，也应该有课外的谈话，在课外活动、集体活动、休息等各种时间和场合与学生沟通。

通过作品分析的方法，了解学生的知识基础和智能状况特别是思维能力的状况。作品包括作业、考试试卷、作文、周记、其他表现性实践性作业。

还可以通过观察方法了解学生的智能，这是最常见的研究教材和知识方法。教师要分析：这是什么性质和特点的教材？它和人的哪些智能关系密切？可以运用到哪些智能？知识中所包含的学科思维方式是什么？学生在理解知识和运用知识解决问题的过程中有哪些重点和难点需要攻克？如何去攻克？

在多元智能教学实践过程之初，往往有一些比较片面的做法，就是单纯追求智能运用的多样性，而忽视了它的目的和意义所在。多元智能的运用，主要是一种手段，目的是达到对知识、学科思维方式、价值等的真正理解并学以致用。所以，应该是在学生理解有困难、或者理解不深刻不到位的时候，我们才特别需要多元智能的帮助；而在知识很简单，达到真正的理解并没有什么困难的情况下，则无须花费那么多时间精力去用多元智能学习。我们说学生有差异，但是也并不意味着他们在什么时候都有明显差异。学生还有共性，有起码的共同的能力基础（比如都有一定的语言能力和逻辑智能），他们都能够运用某一种共同的智能去理解某个知识。这就是说，多元智能运用的时机和场合，应该根据理解知识的需要来选择，并不是无限制地使用。

③具体的设计活动。前两方面的工作，是为教学设计提供参考依据，以提高设计的针对性、科学性。教学设计包括的内容很多，涉及教学过程的方方面面，有教学目标的设计、教学过程程序的设计、教学策略方法的设计、提问（问题）的设计、作业和练习的设计、组织形式特别是小组学习的设计、教学软件与工具手段的设计、教学效果检查的设计等。在这些设计中都可以体现和渗透多元智能理论。

下面就多元智能教学设计的内容和思路要点归纳如下：

——在教学目标中，应该包括：发展学生多元智能的目标；使学生真正理解并学以致用的目标。

——问题的设计，应该考虑：问题的层次性、类型；问题的情境性和生活化；尽可能让学生自已提出问题。

——组织形式的设计，应该体现合作和人际交往智能的培养。

——教学策略的设计，应该考虑如何发挥学生的智能强项，运用多元智能去理解知识、解决问题。

关于教学策略，阿姆斯特朗设计了一个多元智能备课构思图，可以供教师参考（以教学目标为中心）：

语言：我如何使用口头和书面语言？

数学：我如何运用数学、计算、逻辑、分类和批判性思维？

空间：我如何使用直观教具、形象、色彩、艺术？

音乐：我如何使用音乐或者环境中的声音？

身体：我如何开展全身运动或者动手操作？

人际：我如何让学生一起学习？

内省：我如何唤起学生的个人情感或者记忆，或者给他们以选择？

自然：我如何使用生物、自然现象或者生态系统？

——作业的设计，应该体现和生活实际的联系，注意情境性；运用多元智能采取多种方式完成作业。

——教学媒体、工具和资源的设计，应该有助于丰富学生的表象，帮助学生真正理解知识；有利于发展空间智能、身体运动智能等。

——教学效果的检查评估设计，应该从教学目标出发：考查学生的智能发展方面有无变化；考查学生对知识是否真正理解并学以致用；也可以通过考查、评估、反思的过程促进学生反省智能的发展。

（2）在课堂教学环节，充分发挥和发展学生的智能

在课堂教学这个环节，主要是把教学设计付诸实施。当然在实施过程中，教师应该根据具体的情形和变化做出适当的调整。加德纳对课堂教学中的具体操作并没有具体的解说，但是他关于达到理解的三阶段对我们是有启发的，这就是切入点、类比、用不同的方式（模式语言）呈现核心概念。

切入点就是找到一个合适的入手处，引起学生的兴趣。这可以借助多元智能，运用多种方法来激发学生的学习兴趣。这是引入环节老师常常考虑的问题。比如，有教师讲“平均数”，她从学生实际生活之一拍球引入，发挥和展现学生的运动智能，学生很有兴趣。有教师讲轴对称图形，首先让学生把事先准备的纸对折后，再按照自己的意愿剪纸，由此引入新课，也是发挥学生的运动智能。物理老师讲“声音的发生与传播”，说：“我作为老师，非常愿意和大家交流。那么，人们之

间的交流可以通过哪些方法？”“最常用的语言——人的声音又是如何发生的？”这是通过语言的方式引入。

类比，就是把新的知识或不熟悉的事物与学生已有的知识或者熟悉的事物进行对比，发现它们的共同之处，通过它们的共同之处，帮助学生理解新的知识或者不熟悉的事物。这是在新授环节老师常常考虑的问题。比如，把“信息过多”与“爆炸”“发水灾（涝灾）”做类比，把物理中“功”与生活中的“成功”做类比，帮助学生理解知识。有一次，一位小学教师讲到学习的方式时，学生举出很多方式，就是类比、联想、想象的结果。学生说，有“海绵式”的，有“牛吃草式的”，有“猴子掰棒子式”的，有“鸡吃食式”的等。

使用多种模式语言，把握一个知识中的核心概念和关键内容。在这个过程中，通过多种方法，运用多元智能或不同的模式语言，学生对核心概念能够达到比较深入的理解。它和切入点在运用多元智能上有共性，但是目的不完全相同，前者在引发兴趣，后者在理解核心的内容，而且更重视思维的活动，把握学科的思维方式。诸如地理的地图思维、数学的数字和形式思维，物理的模型思维，历史对史料的分析与趋势判断等。

（3）在作业环节，运用问题类型和多元智能去开发学生的智能

作业有课堂作业和课外作业，无论哪种，都是学生运用已学习过的知识去分析和解决问题的过程，是巩固和运用知识，形成技能，发展能力的重要环节。作业的功能，除了加深对所学知识本身的理解外，更重要的是把知识运用到实际的生活情境中去，实现“真正理解并学以致用”的目的。这就对作业本身的设计提出了比较高的要求。教师只有从这样的高度去认识作业、设计作业，才能实现作业的应有功能。

多元智能理论为我们设计作业提供的理论上的参考是多方面的。首先，作业的目的不仅仅是让学生回家有事做，不仅仅是巩固一下所学知识，也不只是把书后的作业完成，重要的目的是帮助学生达到“真正理解并学以致用”，特别是能够把所学知识运用到实际生活情境中，会解决实际问题，真正提高学生的生活能力，所以在作业设计上，一定要注意作业的情境化、生活化，紧密联系科技发展、日常生活的实际问题，决不能只是书面的和字面的作业。其次，要发展学生的智能，就要让学生在解决比较复杂的问题中锻炼成长。如果都是简单的问题，照书一抄，照书一背，照公式一套，学生的智能是绝不会得到提高的。这就需要引导

学生逐渐从解决简单的问题发展到解决比较复杂的问题，提高问题的类型层次。梅克教授的“问题类型体系”为我们考虑问题的层次提供了理论上的支持。最后，作业要个性化，不只是像过去分出难度上的层次，即所谓“分层作业”，更主要的是根据学生的智能强项，设计运用不同智能的作业，在作业的方式、方法、手段上多样化、选择化。以前的作业基本上都是书面的，主要是写、算、背，很少有其他形式，学生往往感到单调乏味，缺乏兴趣，多元智能作业则可以解决这个问题，增强学生兴趣，而且由于调动了学生的强项智能，还可以使学生获得成功感、满足感。当然，这样说并不意味着必要的书面作业不重要。既有基本的统一的要求，又有生动的多样的形式，这是作业方式的一种最佳境界。

（4）在反思环节，培养学生的反思能力和问题意识

以往的课堂教学，在最后一个环节上，是教师的总结。教师把一节课的重点归纳一下，以加深学生的印象。现在我们把这个环节叫做反思环节，主要是强调让学生对自己的学习过程和结果进行总结和思考，以培养他们的元认知能力，或者说反省智能。

但是，教师对这个环节的运用还存在一些问题，主要表现是：第一，教师总结多，学生总结少；第二，总结学习的知识点多，总结其他方面的收获少。老师常常问:“这节课你学到了什么(知识)?”第三，总结成果多，总结问题少。这里的问题就是学生还没有理解、不懂不会的问题，甚至还想知道和研究的问题。为什么出现这些现象？原因在于，教师对这个环节的意义、作用的认识还不到位，可能还停留在原来“归纳总结知识点”的水平上，所以总结的内容没有打开，没有认识到总结和反思，既是对一堂课教学效果的评价，也是培养学生反省智能和元认知的重要途径，更是我们了解学生的一个良好的机会和窗口，它具有多方面的意义和作用。此外，教师没有真正转变教学质量观和评价观，还是以教师为中心来思考问题，而没有看到，教学的质量关键在学生接受和学习到了多少知识，关键是看转化为学生的东西有多少，他有哪些收获，而不在于教师讲了多少。

因此，在总结反思环节，我们提出四条反思的原则：第一，不仅要总结学到了什么，更要总结是如何学习的，要重视对学习过程和学习方法的总结。第二，不仅要总结教学目标中明确提出的内容，即所谓正学习的结果，一般是知识方面的结果，还要总结附学习的结果，包括情感上、思想观念上有什么感想和触动，

可能不同的学生得到的东西是不同的，而这些东西都隐藏在学生的头脑中，学生不说出来，教师是难以知道的。第三，不仅可以由教师来总结，更多的应当由学生来总结，因为学生总结是了解和评价学生学习结果的最好的方式。第四，不仅要总结学到了什么，得到了什么，还要反思还有哪些没有得到，没有明白，还想知道和研究哪些问题。培养学生的问题意识，使学生认识到知识是开放的、无止境的、发展的。

第3章 双创时代下应用型本科高校实践教学体系运行现状——以财务管理专业为例

3.1 高等教育实践教学的发展与演变

3.1.1 高等教育实践教学

3.1.1.1 实践教学的概念

（1）实践教学相关概念界定

①实践教学。对实践教学这一概念做出界定，可以帮助我们进一步理解实践教学的本质和内涵。笔者通过相关文献的检索发现，目前在教育界对实践教学这一概念的解释仍然没有确定的说法，有学者认为实践教学是一种教学方式，有的学者认为它是一种教育活动，有的则认为它是一种教育理念。俞仲文在《高等职业技术教育实践教学研究》一书中提出实践教学的主要目标是培养学生综合职业能力，通过指导学生有计划地进行相关教学环节（实验、实训、实习等），巩固和深化理论知识，掌握从事工作的专业技能，培养解决实际问题的能力和创新能力。他认为实践教学一种教学方式，但这种提法只是对实践教学的外延进行了界定，并没有对实践教学的本质做出说明。谢新宇和曹辉则认为实践教学是一种教学活动，它主要包括课程实验和设计、生产和专业劳动、教学与生产实习、科研与社会实践及毕业论文设计等，它是通过有计划地组织学生观察、实验和操作，从而掌握相关理论知识和实践技能。这种定义将除了理论教学以外的所有教学活动都归结为实践教学，笔者认为这种定义是不够准确的，它扩大了实践教学的外延，将学生的生活实践技能也纳入实践教学中。张晋以实践教学的内涵为出发点，对实践教学的概念做出界定。他提出高校的实践教学活动要依据各专业的培养目标，通过工作与学习相结合，以特定的项目训练为主要方式完成工作任务，高校

要鼓励学生主动参与探索和思考，除了使学生掌握相关的专业技能外，还要培养学生的职业素养。笔者认为这种界定对实践教学的本质和内涵都作了说明，对实践教学的解释较为充分。

②实践教学能力。对实践教学能力的界定，在教育界没有一个比较权威的解释，许多学者都是根据自己研究的需要对它作出界定。姚吉祥将实践教学能力界定为教师在教学过程中将相关行业与专业的知识技能和实践经验运用于教学，并能够有效指导学生进行实验实训和科技开发创新等实践活动的能力。卢建平和熊杰将其解释为教师自身要具备本专业相关的实践能力和操作能力，并且把专业知识和实践能力有机结合，运用到实践教学环节中，从而培养学生的实践操作能力。从这些论者的解释看，大家普遍认为教师实践教学能力是教师将专业领域的经验和技能运用于教学，指导学生实践的能力，不同的只是在描述上有所差异。

（2）相关概念的辨析

①实践教学与实践性教学。与“实践教学”这一概念相近似的一个概念叫作“实践性教学”，《教育大辞典》对它的解释为：“实践性教学是相对于理论教学的各种教学活动的总称，包括实验、实习、设计、工程测绘、社会调查等。旨在使学生获得感性知识，掌握技能、技巧，养成理论联系实际的作风和独立工作能力。通常在实验室、实习场所等一定的职业活动情景下进行，作业是按专业或工种的需要设计。教师根据不同作业、不同个体进行分类指导；学生采取学和做相结合的方式。”有的学者认为实践性教学和实践教学是一个概念，但张晋在《高等职业教育实践教学体系构建研究》中提出实践教学是一个上位概念，而实践性教学是一个下位概念。他认为，实践性教学是从实践教学的“工具性”出发加以定义的，而实践教学是从教学本质的层面出发加以定义的，提出教学的本质就是实践，将实践教学的定位上升到一个新高度。

②实践教学与实验教学。实验教学是指实践教学的一种教学方式，它是指导学生使用仪器设备进行实验，通过观察实验现象、检测和分析实验数据，获得相关理论知识和提高实践能力，其目的主要在于帮助学生正确操作实验设备，设计实验方案，实验操作，调整实验步骤，撰写实验报告等能力。部分高校的一线教师有时会将实践教学和实验教学等同起来，认为实践教学只是工学等理科专业老师的事情，将实践理解为实验。其实从定义上就可以看出实验教学是实践教学的

一种形式，二者并不等同。

③实践教学与实习教学。实习教学是指学生在教师指导帮助下，根据自身的职业取向，在校内实训实习基地、校企合作平台等场所进行实践能力的培养，进而获得相关实践技能和职业技能，养成独立从事工作的能力和职业所需的心理素质。从对实习教学的相关定义看，实习教学也是实践教学的一种形式，因此，不能把实践教学简单地归结为教师对学生就业的指导及对学生实习的培训。

④实践教学能力、实践能力和教学能力。在当前高校和学界，许多人把实践能力、教学能力和实践教学能力这三个概念混淆，教师的教学能力可以分为理论教学能力和实践教学能力，而实践能力则是教师具备实践教学能力的一个条件，三者紧密联系、不可分割。

3.1.1.2 实践教学的模式

实践教学是巩固理论知识和加深对理论认识的有效途径，是培养具有创新意识的高素质工程技术人员的重要环节，是理论联系实际、培养学生掌握科学方法和提高动手能力的重要平台。有利于学生素养的提高和正确价值观的形成。

实践教学模式的形式主要有以下五种。

（1）多媒体教学

计算机辅助教学（Computer Assisted Instrution，简称 CAI）是有计算机、学习者、教师构成的人机系统。CAI 教学充分发挥互联网优势，强调“以学生为主”，通过 E-mail 等形式加强与学生之间的互动。这种教学方式注重在网络上对教学的开发与运用。

（2）交互式教学

这种利用学生作业的教学方式，提高学生通过自主学习过程来培养认识问题和解决问题的能力，培养学生的创新精神，全面提高学生素质。

（3）情景模拟教学

情景模拟教学的教学方式就是要充分利用形象，创设具体生动的场景，激发学生的学习兴趣和学习热情，引导学生充分地理解和运用所学知识，提高学生应变和适应能力。情景模拟实际上这里也指角色扮演，主要用于测评处理人际交往关系能力。

（4）讨论式教学

传统教学方式的局限性促使我们反思，更感觉到财务管理专业比其他专业更需要给学生一个“游荡”于各种方案的“自由空间”，促使学生用心思考、行动，鼓励学生质疑诘难，在客观上塑造学生的独立思辨、不盲从他人的独立看法。

（5）自主学习策略

为了在学习中调动学生学习研究的潜能，培养学生的学习能力，突出学生的自我分析能力，在个别课程中，完整地实施以学生为主体的教学策略，即发挥学生的主动性、积极性，充分体现学生的认知主体作用，着眼点是如何帮助学生“学”。

3.1.1.3 实践教学体系构建原则

（1）特色性原则

特色是学校生存和发展的原动力，为此，确立以素质教育为核心，技术应用能力培养为主线，应变能力培养为关键，产学研结合为途径，与时俱进的人才教育培养模式这是本科实践教学体系构建中遵循的原则。

（2）实用型原则

实践教学体系的构建，要充分体现专业岗位的要求，与专业岗位群发展紧密相关。以此为原则组成一个层次分明、分工明确的实践教学体系。如实验、实训教学平台可分为基础实验技能训练平台、专业岗位技能训练平台、专业岗位实践平台三大步进行构建。

（3）混合型原则

混合型体现在教师类型的混合、理论教学和实践教学的混合、教室与实验室的混合等方面，淡化理论教学与实践教学、专业教师与实践指导教师、教室与实验室的界限，打破原来按学科设置实验室的传统布局，对实践教学设施进行重新整合，形成一体化混合实践教学模式。

3.1.1.4 校内校外实践教学

实训教学是指通过模拟实际工作环境，教学采用来自真实工作项目的实际案例，教学过程理论结合实践，更强调学生的参与式学习，能够在最短的时间内使学生在专业技能、实践经验、工作方法、团队合作等方面提高。职业教育的实训教学体系应该突出职业能力和素质。适应产业变化的新要求，把职业素质的培养与岗位技能的培养放在同样重要的地位，反映企业生产和管理实际。实训的最终目的是全面提高学生的职业素质，最终达到学生满意就业、企业满意用人的目的（如图 3-1 所示）。

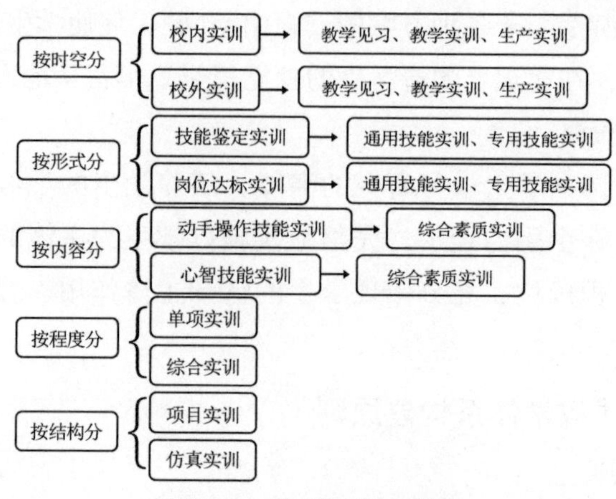

图3-1　实训教学分类图

校内的实训教学主要内容为虚拟实训和模拟实训。虚拟实训是指运用计算机网络，在虚拟环境下完成具体的工作任务的过程。模拟实训是在模拟的工作环境中完成具体的工作任务的过程，角色扮演也是一种典型的模拟实训方法。与虚拟实训相比，模拟实训的意义在于能使学生在更加真实的环境中进行动手操作，而不是操纵计算机来实现。理工科专业的模拟实训和文科专业的模拟案例实训都应来自企事业单位的真实运作，同时体现地方产业结构特征及其技术水平，做到必须够用，适度超前。在这类实训教学中，旨在使学生体验工作的过程，训练操作的技能与技巧，从而形成特定任务下的心智与行为习惯。校外实训基地承接实际的工作业务，实训为实操教学。在企事业单位里，学生不仅应该得到技能训练，更重要的是能够接受职业道德、职业素质的教育，感受到职业氛围的影响，得到现代企业文化的熏陶。

3.1.2　高等教育实践教学的发展与演变之路

3.1.2.1　实践教学思想的起源

（1）实践教学思想在国外的起源

实践教学思想发端于西方的实用主义思潮，冯友兰在《三松堂自序》中说："实用主义的特点在于它的真理论。它认为，认识来源于经验，人们所能认识的，只限于经验。因为无论怎么说，人们总是不能走出经验范围之外而有什么认识。要解决这个问题，还得靠经验。所谓真理，无非就是对于经验的一种解释，对于复杂的经验解释得通。如果解释得通，它就是真理，是对于我们有用。有用就是真理。”将实用主义哲学思想运用于教育领域的是美国的大教育家杜威，他立足于实用主义经验论和心理学角度，批判了传统的学校教育，认为教育应从“做中学”，此外就教育本质提出他的基本观点，“教育即生活”和“学校即社会”。杜威认为传统的“听中学”是不利于学生发展的，会严重束缚学生思想。而仅仅传授理论知识的课堂教学是脱离社会实践的，也是脱离学生的个人兴趣的，这样的教学所取得的效果是不理想的，也是不利于学生发展的，解决这一问题的方法就是职业活动。杜威还从心理学和经验论角度对这一结论进行论证，证明了职业活动在教育教学环节中的重要性。杜威这里所提出的职业活动与我们今天所倡导的实践教学有很多相似之处。此外，杜威还提出学校即社会的观点，他认为学校应该是社会的一个缩影，是一个小型社会。他提倡把校外学习和校内学习相结合，学校生活应该包括社会生活的全部内容，让学校生活和社会生活相互影响，从而达到教育的目的，并让学生更好地适应社会生活。

（2）实践教学思想在国内的起源

国内实践教学的起源可以追溯到20世纪初，陶行知先生的生活教育理论可以认为是国内实践教学的发源。他所倡导的生活教育是以生活为中心的教育，他说：“……生活与教育是一个东西……是一个现象的两个名称……生活即教育，是生活便是教育，不是生活便不是教育。教育内容以文字为中心，以与生活脱离的无用知识为中心，不能真正培养人的生活能力，只能造就一个书呆子。”陶行知的生活教育较之于杜威的生活教育是有进步的，他认为杜威所提倡的“教育即生活”是被动地把生活中东西放入教育中，而他所提倡的“生活即教育”则是在生活中进行教育，为生活进行教育。除此以外，陶行知还提出“教学做合一”的教学观念，这一观念强调了实践在教育中的重要性，他的“教学做合一”的教学观念较之于杜威的做中学是有很大进步的，杜威认为在教学中应该发挥学生自主性，但是他忽视了教师在教学中的地位，而陶行知的教学观念则不仅强调学生要学要做，而且强调了教师要教，老师和学生是相互联系的。这一观点现在来看是具有进步意义的，为我们在指导实践教学中强调教师作用提供了借鉴。此外，陶行知的生活教育中还提出“社会即学校”的观点，这一观点突出了教育在社会生活中的地位，即教育具有改造社会的功能。如果教育过分强调理论知识，而脱离社会生产实践，那么教育的功能与学校的职能就不能实现了。

3.1.2.2 实践教学思想的发展

（1）实践教学思想在国外的发展

20 世纪 30 年代到六七十年代，是国外实践教学思想发展的低谷，美国由于苏联人造卫星发射成功，开始反思自己的教育，认为杜威的进步主义教学思想，让美国的教育走向衰败，因此开始强调教育要回归基础，强调基础教育和理论知识的重要性。

这一思想直到 20 世纪 70 年代以后才得到改变，国外的教育开始注重以学生为主体的教育，倡导要培养全面发展的人。1996 年，国际 21 世纪委员会向联合国教科文组织（UNESCO）提交的报告《教育——财富蕴藏其中》中指出：面向 21 世纪教育的四大支柱是要学会认知、学会做事、学会合作、学会生存。许多国家在 UNESCO 这一报告的影响下开始进行教育改革，提倡教育要与社会生活相联系。

（2）实践教学思想在国内的发展

20 世纪三四十年代，我国正处于战乱时期，大部分地区实施三民主义教育，强调要将科学运用到生产实际中，抗日根据地的干部教育学校和训练班则强调教育要理论与实际相联系。直到“二战”后，冷战局面的出现，苏联作为社会主义阵营的领导者，对各社会主义国家的政治、经济和文化都产生了一定影响。这一时期中国的教育主要向苏联进行学习，学习苏联的劳动教育的思想，认为教育要与生产劳动相结合。

1978 年，邓小平同志提出教育领域的拨乱反正，重新解释了教育与生产实际相结合这一认识，教育工作这才重新走上正轨。改革开放以后，中国实践教学的重心逐渐转移到高校之中，高校逐渐成为从事实践教学活动的中坚力量。我国于 1977 年恢复高考，教育走向正规化，但随之学校又开始片面追求高升学率，单纯强调书本知识的学习，为考试而学，这一做法直接导致大多数新入学的学生缺乏实践技能。面对这一现象，国家开始重视对学生实践能力的培养，教育部相继出台一系列文件，提出要正确处理好产学研之间的关系，要加强实验技术的培训。相关文件中第一次使用“实践环节”这一说法是在 1982 年，我们现在所提倡的实践教学就是从这里发展而来的。随后在国家一系列的文件要求下，实践在教学中的地位开始受到越来越多的重视，并逐渐发展过渡到实验教学、社会实践、专业见习等方面，还提出“实践教学”和“教学实践环节”等概念。《关于深化教育改革，全面推进素质教育的决定》这一文件的颁布，进一步促进了高校教育体制的改革，从而使实践教学课程体系得到了进一步完善。《关于实施高等学校本科教学品质与教学改革工程的意见》这一文件提出要大力加强实验、实践教学改革，建设实验教学示范中心，全面推进高校实践教学的改革和创新，建立校企合作平台，从而拓宽学生的校外实践渠道。

2012 年颁布的《关于进一步加强高校实践育人工作的若干意见》指出实践教学是实践育人的重要环节，还指出实践教学是目前高校实践育人工作中的薄弱环节，要求高校在教学中突出实践环节，对实践教学方法进行全面改革，对实践育人队伍进行重点发展。

2019 年，国家教育工作会议中又提出，实践育人是一项复杂的系统工程，需要政府、地方、高校等不同育人主体之间各司其职、各尽其责、相互配合、形成合力，通过构建协同育人机制实现社会资源优化配置，推动形成全员、全方位、全过程的实践育人模式。打通实践育人"最后一公里"，就需要不断完善总体设计，优化体制机制，把理论教育与实践养成相结合，增强实践育人实效性，打造德智体美劳全面培养的育人体系。尤其要积极推进校地合作，建设实践育人共同体，充分挖掘政府、企业、社区等多方面实践育人资源；充分调动高校学科优势，通过和地方签署共建协议，明确职责任务，完善管理制度，规范实践课程等途径，创新实践教育载体和方式，精心建设一批机制完善、效果突出的典型基地，打造志愿服务、社区帮扶、技能训练、就业创业等多种形式的实践育人协同体系。

3.1.2.3 实践教学的实质与内涵

（1）实践教学的实质

实践教学在实质上应该是一种教学理念，在这种理念的指导下，具有实践教学能力的教师运用实践教学的方式进行实践教学活动，帮助学生掌握实践能力。这种教育理念应该渗透到学校教育中，用这种理念指导学校进行教学管理和指导教师进行教学工作，从而使之能够围绕学生的实践能力的提升而展开。

（2）实践教学能力的内涵

从主体上看，实践教学能力可以分为教师的和学校的实践教学能力两种。教师的实践教学能力更侧重于教师的实践能力和教学能力及将二者相结合灵活运用到教学中的教学组织、设计能力，除此以外，还包括实践教学结束后的评价反思能力及实践教学研究能力。而学校的实践教学能力则更侧重于实践教学的组织管理，培养教师的实践教学能力和学生实践能力，评价教师实践教学效果和考查学生实践能力，建设实践实训基地与校企合作平台，等等。

深刻把握实践教学的内涵，了解实践教学的本质特征和实质内容，有助于全面提升学生实践能力，提高教师的实践教学能力；有利于实践教学的深化改革，从根本上促进教学质量的进一步提升。

3.1.3　高等教育实践教学的现状与改革

3.1.3.1　高等教育实践教学的现状

（1）实践教学方法单一，形式多于实际，效果不佳

就目前来说，现在许多普通高等院校的实践教学基本上都依据专业教学计划来组织教学工作，实践教学环节主要包括：实验、教学实习、毕业实习、课程设计和毕业设计等几个方面。

大部分的实验课都安排在教学计划之内，是结合理论课程开设的，开展形式是老师讲解并示范，学生照葫芦画瓢，按照规定在一定时间内完成相应的任务即可。这种教学模式虽在一定程度上锻炼了同学们的动手能力，但却被动呆板，其实际效果并不理想。而毕业实习所联系的实习基地，由于社会支持不力，政府重视不够，加上目前国家还没有出台鼓励社会、行业以及企事业单位支持高校实习教学和社会实践的政策法规，对于大多数社会企事业单位来说，由于人员紧张、工作任务繁重、竞争压力大、安全因素等原因，不愿意接纳实习学生，怕打扰自身的正常工作。即使碍于情面，接收了实习生，也仅安排学生进行参观等认识实习，学生很少能有参与和动手的机会。所以实习仅仅能为毕业论文撰写工作收集一些素材。

（2）实践教学场地和设备紧缺、经费不足

建设实践教学场地或购置实践教学设备都需要一定的资金，要使实践教学的效果达到最佳，设备和场地的优质是其必要条件。近年来，高校虽然不断加大对实践教学经费的投入，但是，与招生规模、学科门类的增加相比，实践教学经费投入仍显不足，且由于实践教学环节多、任务重、成本高，使得实践教学管理中存在许多问题：第一，无法保证较高的设备完好率、更新率；第二，实验耗材得不到及时的补充；第三，实验项目得不到更新，实验精品教材匮乏，实验教材建设落后于其他教学环节改革的步伐；第四，实验室建设分散、规模偏小、功能单

一；第五，校外实习基地一般只能安排认识实习。

（3）实践教学师资短缺、队伍建设滞后

开展实践教学，必须要有足够经验且接受过相关训练的专业老师。但目前许多老师都是从学校直接到学校，缺乏一定的实践经验，因此，在传授知识时更多的是将课本上的知识客观、直白地陈述，而缺乏将理论联系于实际的建树，致使学生无法从所谓的实践教学中获得真正的实践经验。

由于受传统教育观念的束缚，很多学校没有把提高教师的实践技能摆在重要的位置，给予应有的重视，对教师走出校门，到企业实践和体验没有相关的政策支持和保障，对教师的考核和收入分配仍然以课时量为主要杠杆。加之诸多的行政性、事务性的要求，使得教师缺乏与日新月异的技术发展和变化相适应的专业技术和技能。实验技术队伍很难适应实验技术现代化、仪器设备高精尖综合化的现实，实验技术队伍建设滞后已成为制约高校进一步发展的瓶颈。

3.1.3.2　高等教育实践教学的改革

（1）国外实践教学模式的启示

①德国 FH 教学模式。德国 FH 教学模式是德国高等教育的重要组成部分，定位于“为职业实践而进行的科学教育”，培育目标为“把理论知识转化为实际应用技术的‘桥梁式的职业人才’”，其内涵和本质是一种面向实际、面向应用的高等工程技术教育，采用分散式、集中式与职业基础教育年等三种办法。

分散式：每周安排学生在企业培训 3 天，在职业学校学习理论 2 天，每天授课 6 课时，总计 12 学时。集中式：把每周部分时间的职业理论教学集中起来进行安排，即集中一段时间在企业中进行职业培训，再集中一段时间专门进行职业理论教学，把分散组织的每周 1~2 天理论教学集中在 2~13 周中进行。职业基础教育年：分全时制和职业学校与企业合作教学两种形式。主要也是安排学生进入企业工作，由企业主导 FH 的整个过程。

②加拿大的 CBE 模式。加拿大的 CBE 模式是“以能力为基础的教育”，主要分为职业分析形成 DACUM 图表、学习包的开发、实践教学实施与管理、实践教学评价四个阶段。其中，教学专家可根据 DACUM 表来确定教学单元或称模块。这些单元具有明确的教学内涵。然后将教学单元按知识和技能的内在联系排列顺序。若干个相关单元可组成一门课程。在这些课程中可确定出核心课程（或称基础课程）和职业专门课程、预备课程，再按课程间的相互关系制订出教学计划。

总体来看，加拿大的 CBE 模式强调以能力为中心进行实践教学，注重学习目标的可操作性，重视行业的意见，主张学习的个性化，重视实践能力培养而提高教学的效益，特别是在操作性较强的培训和再生性技能的训练方面，起了积极的作用。我们可以从这种模式中得出结论，制订实践教学计划必须重点培养学生的技术能力，重视培养操作能力，课程设置适当综合化等。

（2）我国实践教学改革实例

其实，在我国的许多院校，也采取了一些类似的方法。如中国海洋大学旅游管理专业规定本专业的学生每周下企业 2 ~ 3 次，寒暑假集中安排实践教学 2 ~ 3 月；湖南环境生物职业技术学院采根据课程进度和性质以及校内外实习基地生产的具体情况来确定实习时间和实习方式等，以实际的绩效作为成绩评判标准，企业主导整个考试流程，更贴近实际。

（3）我国实践教学改革的建议与对策

前教育部副部长、党组副书记杜玉波说过，深入实践是大学生成长成才的必由之路，坚持教育与生产劳动和社会实践相结合是党的教育方针的重要内容。党中央、国务院对实践育人高度重视，为加强高校实践教学工作指明了方向。

加强高校实践教学工作作为提高人才培养水平的切入点和突破口，必须要转变教学观念，完善教学设备，提高教学能力，制定教学规范，深化教学改革，加强教学宣传等方面加强实践教学，培育实践型人才。

①转变教学观念，是加强实践教学的思想基础。实践教学，既是现代经济社会发展对人才培养提出的客观要求，又是我国高等教育更深层次改革与发展的内在要求，更是高校人才培养目标的迫切需要。目前，我国许多高校还未意识到实践教学的重要性，还停留在以分数论高低，以听课笔记分好坏这样的教学误区中，致使实践教学活动难以展开，或者实践效果达不到最佳。加强实践教学的第一步就是要转变思想，更新观念，提高认识，结合本学科的实际，不断完善改进，提高实践教学的质量和效果。

②建立完善且相对稳固的实习基地，购进良好设备。一个良好的实践教学基地以及完善的硬件设备是加强实践教学的基础，是制约实践教学开展的重要因素，正所谓“巧妇难为无米之炊”，不少高校也认识到了这点并逐步实施改善。

以武汉大学中国语言文学实践教学中心为例。该中心筹建于 2005 年，是学校和文学院两级组织领导下的教学机构，负责系统设计、全面管理和具体实施中国语言文学等学科专业的实践教学工作。该实践中心立足中国语言文学学科，兼顾其他人文学科，服务全校人文素质教育，并按照一体双翼，多层并举，学生自主，立体施教的方式培养复合型创新性国际化人才。同时，中心还建立了一个以自主研发的巨大教学资源库为支撑的实践教学局域网络系统、一个学生自主学习中心、一个语言实验室，一个多功能演练厅、一个教学资源陈列室、一个教学资源制作室、多个视听室和学生活动室，以及三个固定实践教学基地，总面积达1218.1 平方米，仪器设备和软件资源总值达 687 万元，各类仪器设备 835 台套，有力地促进了学校实践教学工作的开展。

③加强教学宣传，提高教师的实践教学能力。目前，实践教学依然是高校人才培养过程中最薄弱的环节之一，各高校开展的一系列实践教学活动达不到理想的效果，很大一部分原因在于实践教学的宣传力度不够，教师缺乏实践教学的经验。

经验来自于实践，实践是检验真理的唯一标准。各高校在发展期间，应该重视对学校开展的实践教学工作的宣传，让全校师生了解并重视开展相关实践活动的影响及意义，引导并鼓励教师走出校园，走向社会，注重积累自己的实践知识，锻炼自己的实践技能，以满足社会对于实践型人才的需要。随着各校实践教学活动的展开，报纸、杂志以及网上关于实践教学活动的报道层出不穷，影响力日渐扩大。

④用正确的教学机制引导，以有效的教学改革促进。实践教学是培养和造就具有创新意识和创新能力高素质人才的重要途径，因此要建立正确的教学引导机制，开展有效的教学改革。

浙江工商大学利用 20 个硕士点和 3 个博士点的优势，实行学科制，在学科内尝试由导师—博士—硕士—本科生组成的科研创新小组，形成研究梯队，产学研结合，引导学生尽早参加科研创新小组，并把部分研究作为毕业论文的一部分，提前完成毕业实习的教学实践环节，较好地解决了毕业实习与就业的矛盾。同时把已取得的科研成果结合到课堂教学，丰富了课堂教学内容，激发了学生的创新热情。

与此同时，现在许多高校也在尝试对教学内容的更新，根据科学的最新发展对课程教学内容进行必要的筛选、补充、更新和重组，使其既能反映该学科领域最基本核心的知识，又能反映该学科最新的进展和动态，同时又具有符合学生认知发展规律的逻辑结构。创建“立体实践教学体系”，纵向体系是一个学校、学院、学科的三级管理层次，横向体系是课程实验、专业实习、毕业实习、暑期社会实践、社会活动、科研创新、各类竞赛等实践活动。

⑤改变教学方式，营造良好的实践教学环境。传统的实践教学无疑是老师在课上讲，学生坐在下面听，老师永远充当着课堂的中心角色。学生无法真正参与其中，被动的听讲容易造成对知识兴趣的缺失，学习效率也得不到较大提高。

营造良好的教学环境，一方面要开展各种实践活动，建造相应的活动基地，鼓励学生参与其中；另一方面又要建立严格的考核机制、激励机制。对实践教学活动中，不按实践教学计划执行的系部和个人实行严格的考核；对在实践教学活动中具有开拓、创新精神的系部和个人要有一定的奖励；对在实践教学工作中表现突出的实践指导教师、实践教学管理人员实行院长嘉奖制度。

在课堂上，老师应该主动走下讲台，与学生进一步沟通与交流，让学生充当课堂的主人。通过玩游戏、案例讲课、学生讲课、课堂讨论等多形式营造良好的学习氛围，提高课堂学习效率。

3.1.4 财务管理专业高等教育实践教学现状

3.1.4.1 社会人才需求

（1）财务管理专业人才需求现状

①调查对象。为进一步了解新的时代背景下财务管理专业人才的需求特点，该部分主要根据西安市财务公司的人才需求的状况进行调查和研究。主要的调查对象有西安市财务公司主管部门和部分主管人员及一线员工。

②调查方法。主要采用文献分析法、问卷法、访谈法。笔者通过期刊文献查询的方式获取人才结构与能力的基本组成，对整体方向做出研究。针对财务公司的调查以访谈的方式进行，目的主要了解财务管理发展对人才需求的类型与能力方面的要求。对部分主管以及一线员工的调查考虑的是财务管理近年来发展对用人的影响、岗位能力的影响，调查涉及 34 个访谈对象，对专业发展问题进行了较为深入的了解。

③调查结果分析。通过走访西安市 14 家财务公司，结合企业反馈的访谈内容的深入总结，对于财务管理专业整体发展而言，人才需求主要在数量、质量、结构等层面有缺口。数量是质量的基础，质量则是数量的延伸，通过对企业中高级管理人员进行访谈，对财务管理来说，数量的缺乏只是从总量上的考虑，企业

更多关注的还是人才的类型与能力素质方面的要求，主要表现为人才类型结构需求、人才能力结构需求。

（2）人才的需求类型

①人才的学历结构需求现状。访谈中关于学历的期望上，财务管理企业方面选择“硕士及以上”的占比30.99%，“本科”期望占比44.69%，大专及以下占比24.32%。相比财务管理发展初期定位的大专层次，对本科学历的需求明显升高，同时也反映出市场对更高学历层次人才的需求（见图3-2）。

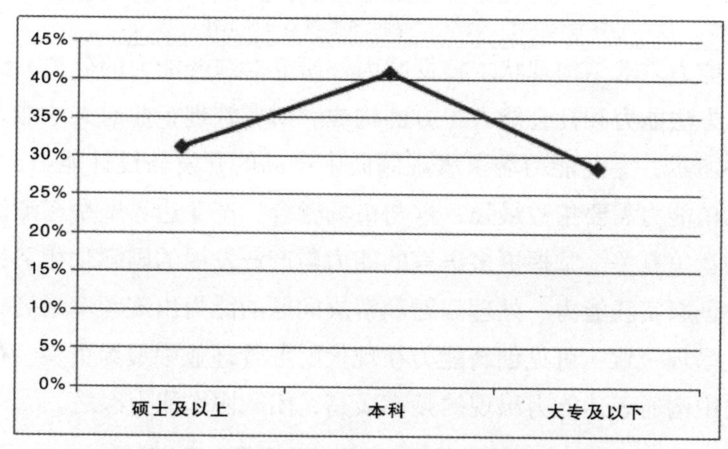

图3-2　财务管理专业学历层次需求现状分析图

②人才的应用层次需求现状。针对“企业最需要什么层次的人才”问题的调查，访谈的结果汇总为三个层次：基层业务骨干、中层管理人员、高层管理人员。数据信息如表3-1所示，行业中对中层管理人员需求量最大，其次为高层次，由此本科教育中培养企业所需的中高层次人才是其重要任务。

表3-1　企业人才需求层次现状统计表

选项	基层业务骨干	中层管理人员	高层管理人员
占比	50%	34%	16%

③人才需求类型现状。结合市场需求、财务管理需求演变、互联网技术的运用等因素对财务管理变革的影响，汇总访谈内容如表3-2所示，可见，新时代下财务管理专业已然向管理、设计等多类型人才需求转变。

表3-2　人才类型需求现状统计表

变革因素	需求倾向
互联网 +	金融财务管理方向突出财务管理人才培养的金融特色，注重金融行业的特殊需求，立足互联网背景下的现代金融服务，依靠校内外的优势金融师资，培养服务地方经济发展的现代化金融财务管理人才
政策导向	专业实力较强，能独立处理财务管理事务
公司上市	财务管理专业能力强、具有较强的主观性
市场导向	综合性人才，能独立处理财务管理各方面工作

④人才能力需求结构现状。根据国内外研究对综合能力的分类，综合能力由专业能力、方法能力和社会能力三方面构成。财务管理企业对人才能力的需求结果如表 3-3 所示，专业能力需求表现倾向中产品的开发与设计能力、英语能力、现代市场营销能力需要指数最强，这与市场融合、产业边界壁垒逐渐消失造成的更为激烈的竞争有关，掌握更多语言的能力与产业发展的国际化相关；方法能力需求倾向中创新实践能力、处理问题和解决问题的能力出现频率最高，灵活应用能力选择上呈现一致，可见创新能力在现代财务管理业中最为重视。社会能力需求表现倾向中沟通表达能力出现的频率最高，团队协作能力次之。

表3-3　财务管理企业人才能力需求汇总表

分类	能力需求类型
专业能力	编制财务报表、财务年报等专业技术能力强
方法能力	良好的沟通能力，能把财务专业通俗表达出来，团队协作能力强，适应工作能力强
社会能力	能与银行等金融机构合作沟通，为企业提供资金保障

3.1.4.2　财务管理专业本科实践教学现状调查

（1）调查对象

为更好地了解财务管理专业本科实践教学的研究现状，本书特选取了数所财务管理本科院校进行调查统计，样本涉及“211”院校、普通二本院校、部分三本院校，其中部分财务管理专业在领域内具有较强的影响力。样本有一定的典型性和代表性，调查结果具有普适性。

（2）调查方法

主要采用问卷调查法，对财务管理专业本科在校学生进行统计分析，旨在了解学校实践教学的现状。问卷调查内容涉及：①学生对财务管理的了解情况；②学生在专业学习中是否因市场的变化而影响就业的选择；③课堂实践教学能否引起学生的重视和兴趣；④学生校外实践活动的参与情况；⑤实践教学的师资情况；⑥校外实践教学的情况；⑦实践教学的评价情况等方面问题。

（3）调查结果分析

共发放 300 份问卷，回收 288 份，回收率 96%，问卷回收中，部分问卷由于存在错选、漏选等不符合填写要求等原因，有效问卷共计 263 份，有效率达 87%。问卷回收中利用 SPSS 和 Excel 统计软件进行统计分析，统计结果如下：

①本科生对财务管理专业的认知现状。对财务管理专业了解模糊。随着大数据、智能财税等技术的发展，在我国未来财务管理的发展方向导向及战略模式定位这种形势背景下，财务管理专业人才培养模式、人才的结构层次、素质能力要求也必将产生变革。财务管理专业的实践教学首当其冲要从产业变革的角度来向学生呈现理念、产业的演变实质及对学生就业的影响等方面的知识。但从问卷调查的结果显示如图 3-3 所示，财务管理专业本科生在财务管理的了解程度上，选择“非常了解”占比 4.17%；选择“比较了解”占比 20.83%；选择“有点了解”占比 25%；选择“不了解”占比 50%。由此反映出，财务管理概念在专业实际教学中并未深入或并未大范围进行普及。

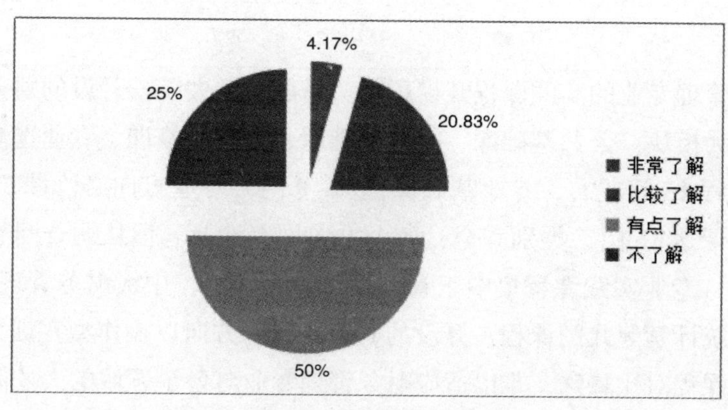

图3–3　财务管理专业学生“全域财务管理”认知分析图

财务管理专业发展对学生就业影响的反应不高。新形势下财务管理专业本科毕业生有了就业的新领域和更多的选择机会，过去不愿从事的技能型工作有了可供替换的目标。从某种层面讲，就业面和选择灵活度的增大，财务管理专业的就业率将会提升，财务管理专业的流失率将会下降。基于此问题，就学生学习财务管理专业内容对其就业的影响调查显示，选择传统的财务管理主要分为以下职业方向：出纳、资金管理、税务，其中资金管理占比为66%，由此可见，财务管理行业资金管理为学生就业首选，对于选择自主创业就业或是其他选项中包含有新业态倾向的共49人，占比18%，此数据在一定程度上说明，学生主体对财务管理发展衍生的新的行业与岗位知之者甚少；从毕业就业的前景上，“非常好”选择的人数有79人，占比30%，持中等前景的认识最多，占比54%，但结合有关学者对财务管理专业学生的就业率与流失调查显示，毕业生从事财务管理专业的人数占比不足50%，两年后继续从事财务管理专业的比率为40%，流失率达80%。这与调查数据相矛盾，但从某方面也能反映出学校实践教学中与社会实际的严重脱离，造就了学生对行业岗位等的片面了解和认识。（见表3-4）

表3-4　财务管理专业学生对全域财务管理的认知分析表

评价／类目	好（高）		中		差（低）	
	n	%	*n*	%	*n*	%
“全域”对就业影响	60	20	195	65	42	15
职业规划情况	85	26.73	143	44.97	90	28.3
就业全域选择倾向	49	16.17	60	19.8	194	64.03
就业前景乐观指数	46	17.49	157	59.7	60	22.81

②财务管理专业的实践课程开设现状。目前，各大院校开设的财务管理课程主要分为四大模块：公共基础课、专业基础课、专业必修课、专业选修课。其中公共基础课程15门左右，专业基础课程7~8门，专业方向必修课7~8门，专业方向选修课达16门，类别齐全，各个方向均有涉及。但从调查问卷数据显示的结果来看，专业实践课程集中于管理学、财务管理、中级财务管理、审计学、成本管理、统计学等几门课程。开设的实践课程的方向以操作型实训为主。实践课程与理论课程对比悬殊，难以适应财务管理专业对各个领域的人才需求。

③财务管理专业实践教学的满意度现状。数量建设不足，课时安排较少。实训室和实验室等设施是学校开展课内实践教学的基础条件，调查结果说明（见表3-5），近一半的学生认为学校设施数量一般，反映出部分院校对实训课及实验室的重视度并不高，由于实践相关配套设施的缺乏，造成部分实训项目难以开展。

从开设的频率来看，财务管理专业实践课程的开设以集中形式居多，大多以三四周时间进行相关技能等教学，课时也明显不足，这样的实践难以实现教学的效果。

表3–5　实践教学设施情况统计表

问题项	频度（%）			
实训室、实验室数量	数量充足	数量一般	数量短缺	不清楚
	25%	57%	13%	5%
开放频率	每周 3 次以上	2~3 次	低于 2 次	其他几种形式
	18%	16%	62%	14%

教学手段单一，学生参与度不高。学生对实践教学的满意度调查主要涉及以下几方面的问题，包括教师互联网的使用频率、教师层面、实训课参与的态度。通过整理数据发现（见表 3-6），学生参与实践教学的兴趣很大，其中“非常愿意”选项占比 29%，“愿意”参与的人数占比 35%，合计占比 64%。由此表示，实践教学课程学生有较大参与的意愿。针对教师方面汇总分析，教师使用互联网教学的频率还需加强（见表 3-7），财务管理的发展依赖于“互联网 +”技术的有效渗透，一方面利用互联网信息的时效性，可以让学生即时获取相关信息，培养学生借助互联网学习的习惯；另一方面互联网可增强实践教学内容的丰富性和趣味性。

表3–6　师资及学生参与实践的态度调查统计表

教师的实践经验	百分比	实训课参与的态度	百分比
非常丰富	17%	非常愿意	29%
比较丰富	25%	愿意	35%
一般	39%	不感兴趣	26%
不丰富	19%	排斥	10%

表3–7　教师使用互联网频率分析表

问项	频度			
教师使用互联网技术的频率	经常性	一般性	较少	从来没有
	33%	41%	21%	5%

④实践教学与行业的联系度现状。从校外人员来校讲座的频率来看（见表 3-8），部分院校与企业的联系性和紧密性并不强，讲座开设的频率中“一般性”与“较少性”选项合计占比 74%，学校实践教学条件、师资实践性知识等同时滞

后的情况下，邀请校外企事业单位人员的讲座，是学生了解从业实际的有效途径，不容忽视。表 3-8 的统计数据中一半以上的同学认为学校课内实践教学的知识对实习岗位的适用度不强，均表示需要较长一段时间的重新上岗培训。以上表明，财务管理专业实践教学内容与行业的联系度不高，实践教学效果较差。

表3-8 学校开展讲座的频率、知识与实践的适应度分析表

来校讲座的频率	百分比	课内实践知识对实习的适用度	百分比
经常	25%	完全适应	6%
一般	48%	比较适应	20%
较少	24%	一般适应	48%
从来没有	3%	完全不适应	26%

⑤校外实践教学实践安排与考核现状。财务管理专业校外实习安排上，数据呈现见图 3-4 所示，绝大部分财务管理专业采用学校统一安排与学生自主选择相结合的形式。实习的方向选择生产企业 44%、选择财务评估公司的 24%、选择政府企业的 17%，此三大行业仍然是实习的首选。在校外实习的时间安排上，学生大多接触企业事业单位的时间为大三、大四，且学校在安排上集中于大四上学期或下学期进行。在学生实习的考核上，有 12% 的比例认为校外实习会影响到毕业，48% 的人认为会影响的学业成绩，40% 的人认为对学生并无多大的影响，据此校外的实习在考核上没有严格的制度保障，没有相应的规章制定和考核标准来约束学生的实习，校外实习流于形式，实习难以发挥实际的教学效果。

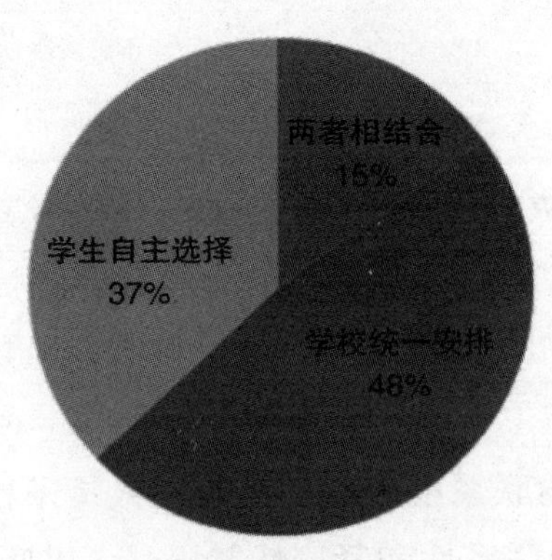

图3-4 企业实习安排情况统计图

3.1.4.3　财务管理专业本科实践教学建议

（1）根据社会需要，设定培养目标，适时调整教学方案

财务管理专业提出了培养应用型人才的目标，主要是加强实践性教学环节、培养具有较强动手能力的财务管理人才，既要注重财务管理专业的理论教学，更不能忽视财务管理专业的实践性教学，加强培养学生的实践动手能力，培养应用型财务管理人才。这就要求我们应该逐渐调整财务管理的教学计划，逐步提高实践教学在整个教学计划中的比重。

财务管理的培养目标、教学内容必须针对现代企业与社会的需要而设定，财经院系要加强对用人单位的调查，据此不断改进自己的教学方案。这方面，国外高校的新闻院系的做法值得我们学习。英国新闻教育学会会长、英国城市大学新闻系主任罗德·艾伦 (Rod Allen) 在中国人民大学新闻学院访问时说道：“我们必须有超前意识。今年进校的学生要几年后才进入市场接受检验，我们应当考虑到他们毕业时市场需要什么。我们一方面要倾听传媒业界的意见，同时要自己做判断，根据业界对现状的分析预测他们在未来几年的具体需求。”

为使学生能更好地满足用人单位的需要，真正胜任用人单位的工作岗位，我国的财务管理专业课程设置应根据市场需要和学生就业情况来制定。每学年都要进行相应的修改和替换。每当出现新理论、新政策、新法规时，老师都应及时把它们加入到授课内容里面，避免学生在学校学到的理论知识与社会需要脱节。目前，社会用人单位都非常重视学生职业专项技能，为拓宽学生就业渠道，可充分利用学校的教学资源，鼓励与支持学生参加社会考试。如考取电算化证、计算机等级证和助理财务管理师证等。同时加强考核学生运用所学知识，运用与创新财务管理专业知识的能力，使学生在课堂学习、完成作业和社会调研等活动过程中，表现出自我管理、与人沟通合作、解决问题和应用现代科技手段、设计和创新等能力。过去，我们注重财务管理理论的阐述，注重宽基础教学，一个财会班除了财务管理主干课程之外，还涉及很多的经济类课程，如西方经济学、物流学、高等计量经济学、风险投资等，耗费了学生大量的精力和时间，结果，导致学生动手实践能力比较差。考虑到毕业几年之后学生可能会从事与财务管理相关的统计、营销、收银等工作，必须调整课程结构，加强学生财务软件、办公软件、数据库等计算机操作技能的强化培训，加强营销技巧、点钞技巧等的训练。只有和经济发展同步，和社会需求同步，调整好教学计划，才能根据计划完整地、严密地、有效地实施实践性教学。

（2）课堂教学内容的改革

随着我国社会经济的不断发展、与国际的交流日益扩大，以及我国财务管理制度改革的不断深化、财务管理准则日益与国际惯例趋同，因此，财务管理课程的教学内容也在不停地变化与发展。课程组的老师们在这个过程中应不断地进行课程教学内容的改革。财务管理不仅是财务管理专业，同时也是经管类非财务管理专业学生的核心必修课程，因此，在教学内容的安排上，一是要突出注重财务管理问题的经济背景，分析财务管理的经济社会影响，从经济学等广泛的领域理解、学习财务管理，注重财务管理的经济生命和经济价值；二是突出注重财务管理职业判断的特征，引导学生的职业判断能力。

（3）课后实践教学的改革

①建立企业实习基地。以西安培华学院为例。根据本科培养应用型技能型人才的要求，为了进一步加强产学合作，按照“借助外力，互利双赢，逐步发展”的原则，西安培华学院与内蒙古临河市德祥财务管理公司、内蒙古巴彦淖尔市蒙绒绒毛制品有限责任公司、维信羊绒股份有限公司、巴彦淖尔市东升安全评价公司等多家公司签订了校企合作协议，使它们成为该校的校外实训基地。从2014年开始，累计已有十多名教师，200多名学生利用假期在实训基地实习锻炼，取得明显成效，受到所在实习单位的肯定和好评，并有不少的毕业生被实习单位录用。在校外实习基地实习，不仅使学生的专业职业能力与技能得到训练，达到理论联系实际的目的，而且使学生在职业道德、思想素质、社会实践、社会交往方面得到锻炼，培养了团结协作、吃苦耐劳的品质，为以后择业和发展打下了坚实的基础。2015年学院与临河市德祥财务管理公司签订校企合作协议，2016年德祥财务管理公司将其服务的十多家公司业务进驻本院财务管理模拟实验室，使学生不出校门就可以实现仿真实验向全真实验的过渡。而且实习不受时间和地点的限制。新的校企协作模式，为本院校企合作注入新的活力，大大提高了实践性教学的效果。聘请一些财务管理行业的专家和有经验的财务管理师作为兼职教师。这种做法的好处是，一是弥补技能实训课教师的不足；二是保证教师有较高的专业水平；三是加强学校与社会的联系；四是保持学校师资结构的灵活性，有利于专业的调整和提高学校办学效果。

完善校内的手工模拟实验室和财会电算化实验室。校内课程实习和专业综合实习全部纳入教学计划，实习所需要的讲义或资料在每学期初都要制定订购或自编的规划。在实习开始前，专业教研室提交实习计划，将实习目的、要求、评分标准和人员及地点安排在计划中体现出来。实习结束后，指导教师逐份批阅学生的实习资料，根据评分标准，给出每个学生的实习成绩。

②手工操作。由教师设立一套某企业单位的经济业务资料，包括原始凭证、企业运作特点、财会核算要求和企业的经济活动情况等，并提出实习操作的目的，要求学生对这些经济业务进行财会处理。包括根据原始凭证及有关资料填制记账凭证，根据凭证登记各种日记账、总分类账、明细账，期末调整有关账项，以及编制试算平衡表及财务报表等，并做出实习总结。这种模式旨在训练学生的独立操作能力和掌握企业的财会流程程序。实践证明，只有经过这样的实务性学习，才能使学生牢固地掌握财会知识。

③电算化操作。财会电算化操作旨在训练学生在工作中掌握现代化的先进工具。教研室选派相关教师到财务软件公司锻炼，去实际参与企业财会电算化系统的设计与实施工作，然后把经验和技术带到课堂，用企业的实际数据来解释教材中的原理，取得了良好的效果。通过与财务软件公司合作，把财务软件的基本知识引入到课堂教学，采用多媒体与案例教学结合方式，在用企业的实际数据强化基本层（账务处理、报表管理、工资管理、固定资产管理等模块）的教学上，开展采购、供应、销售等环节的教学，加大了对学生实践动手能力的培养，加深学生对财务流程等知识的理解掌握程度，建立起一套适合本科实际教学需要的财会电算化案例教学体系和技术认证体系。

3.2　应用型本科高校实践教学体系分析

3.2.1　实践教学体系的基本内涵及构成要素

3.2.1.1　实践教学体系的基本内涵

实践教学体系，是指在一定理论指导下，围绕专业人才培养目标，对组成实践教学的各个要素进行整体设计，通过合理的课程设置和实习、实训等实践教学环节的合理配置，建立起来的与理论教学体系相辅相成，着重培养创新精神和实践能力的教学内容体系。

实践教学体系是从专业人才培养角度的软件性顶层设计，是专业办学水平的体现及年轻教师实践教学能力锻炼的必要历练条件与工作平台。目前，不少地方院校较多注意了具体课程和具体实践教学活动的安排和硬件条件的改善，但较少从专业人才培养目标的要求和知识运用能力体系角度来设计学生在本科学习阶段的整体实践教学体系和能力培养，也缺少实践教学效果检验标准的探究。因而本科学生实践教学和科技创新能力培养的体系设计有所忽视，尚未进入宏观策划与微观运作的和谐状态。本书结合应用型本科院校的实际，从实践教学体系的内涵、构建实践教学体系的指导思想、基本原则、基本构架与内容、保障与管理系统等方面进行探讨。

3.2.1.2 实践教学体系的构成要素

实践教学体系与理论体系共同构成专业学位的培养体系。实践教学体系，就是由实践教学主体、实践教学内容、实践教学条件等紧密联系且相互作用的要素构成的体系。全日制专业学位实践教学体系，即围绕实现应用型人才培养目标，在规划实践教学计划时，将形式多样化的实践环节融入教学环节之中而形成的体系。由于实践教学系统具有系统性、开放性、稳定性的特征，我们可以把实践教学体系的构成要素更加全面地概括为教学目标体系、实践教学内容体系、实践教学管理体系、实践教学评估体系、实践教学保障体系。不同于以往把实践教学体系各构成要素作为单一并列的关系，本书以“职业能力”作为构建实践教学体系的逻辑出发点和落脚点，围绕实践教学目标体系这一核心，构建凸显职业能力培养的实践教学体系，如图 3-5 所示。

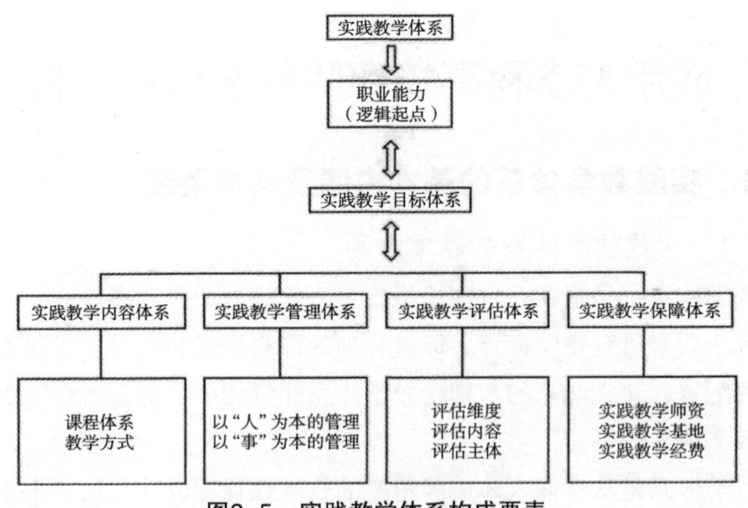

图3-5 实践教学体系构成要素

（1）实践教学目标体系

实践教学目标是由各专业人才培养计划和目标决定的，与理论教学目标相辅相成构成人才培养的目标体系。目标体系是实践教学的核心体系，一切实践教学活动都是围绕目标计划而开展。实践教学目标体系包含：理论知识培养目标、实践能力培养目标、职业能力培养目标、创新能力培养目标、职业素养培养目标。全日制专业学位研究生不仅要建立扎实全面的知识体系，也要注重综合能力和素质的培养。深化实践知识、培养实践精神、内化实践能力构成实践教学目标的核心内涵。实践教学目标就学生个体而言是培养学生的实践意识、专业操作能力、职业能力；就高校办学宗旨而言是为国家培养社会发展所需的高层次人才。

通常人们对知识的认可只停留在对理论知识上，却忽视了知识所应包含的两种形态，即理论知识与实践知识。二者获取的途径不同，展现的形式也有所差异，理论知识具有明显的外显型特征，而实践知识具有显著的内隐性和准确性特征。专业学位通过实践教学环节获得实践知识的过程也是实现提升专业学位职业能力目标的过程。实践教学的本质是实用性教育，与职业教育的培养目标具有内在一致性，即不仅要积累实践知识、深化实践知识，更重要的是把实践知识转化为实践能力和实践精神。实践教学中对学生实践精神的培养就是要求学生要投身实践、热爱实践、推崇实践。让学生既要勤学又要务实，既要掌握实践知识和专业技术，又要养成正确的价值观和工作态度。深化实践知识、培养实践精神的最终目的是把二者内化为实践能力。能力源于知识，能力凝聚精神，只有通过实践活动才能将知识转化为能力，才能培养实践精神。因此，高校在制定实践教学规划时要注重学生实践能力的培养和生成，以实践能力促进职业能力、以实践教学促进学生自由全面发展。

（2）实践教学内容体系

教学目标决定着教学内容，教学内容是实现教学目标的具体承载者。实践教学内容体系主要是指课程内容设置和实践教学形式。实践教学课程体系是实践教学内容的核心，课程内容设置的合理性是课程体系体现培养目标的关键。全日制专业学位的职业性特征要求实践课程内容具有应用性、跨学科性、开放性。课程设置则要凸显个性化，根据不同专业合理规划公共基础课程、专业理论课程以及选修课程，为专业学位职业能力培养奠定扎实的、全面的知识体系。教学课程使教学内容细致化、具体化，同时又具备系统性和完整性，科学合理的教学课程直接影响着专业学位的培养目标和培养质量。课程内容的差异性要求实践教学形式的多样性。

按实践教学内容划分实践教学形式：课程实践教学、实践教学活动、校外实践实训。课程实践教学是把书本专业知识与具体实际案例结合起来，主要目的是巩固专业知识，深化学生对理论知识的理解，促进学生基础专业知识体系的构建。课堂实践教学的表现形式大都是通过视频教学、讨论式教学、案例教学、辨析式教学等来实现。实践教学活动主要是指学校为激发学生的参与意识、实践精神、创新精神而举办的一系列科技竞赛、创新比赛、专题活动及专家学者专题讲座等活动；实践效果明显的校外实践教学则主要通过寒暑假的社会调研、企业参观式教学、专业实习、校企联合培养、毕业实践等形式来培养学生职业能力和实践能力。三种实践教学形式从不同角度、不同层面丰富学生学识、开拓学生视野、激发创新精神，提升了学生的实践意识和精神，潜移默化地培养了学生的职业能力。

（3）实践教学管理体系

实践教学管理是指对全日制专业学位实践教学环节实现以“人”为中心的管理和以“事”为中心的管理。以“人”为中心的管理就是对实践教学中学生群体、导师队伍、校外实践教学参与者的管理，确保全日制专业学位研究生和教师能够积极参与实践教学环节中。对学生实践教学环节的监督和管理；对校内外导师遴选的管理、协作机制的管理；对校外其他参与者具体合作机制的管理。

以“事”为中心的管理就是对实践教学规划、实践教学实施、实践教学结果进行管理。科学的实践教学规划是实践教学开展的前提，高校要合理计划实践教学课程、实践教学内容、实践教学形式、实践教学时间、实践教学效果。对实践教学实施过程的管理是保障实践教学体系连续性的关键，注重对实践教学目标体系的管理、实践教学导师队伍管理、实践基地建设及运用的管理。实践教学结果是全日制专业学位人才培养效果最直观的反映，对结果的管理就是对实践教学计划实施结果的总结和评价。结果既是上阶段实践教学过程的结束，又是下一阶段实践教学工作的开始，好的结果管理还可以转化为下阶段的过程管理。实现实践教学计划和实践教学结果的统一，推动实践教学体系构建的科学化、规范化。

（4）实践教学评估体系

实践教学评估是衡量教学质量的重要指标，直接反映了人才培养目标的实现状况。教学评价体系三要素：评价维度、评估内容、评价主体。评价维度是判断专业硕士培养目标是否偏离的重要依据。评估学生知识累积、专业技能、实践能力和实践态度的实际培养效果。另外，来自于社会和企业对专业学位所需要的职业能力也是实践教学重要的评论标准。实践教学针对学生的评价内容有基础理论知识、职业技能、学术道德、社会公德、工作态度；针对导师的评价内容则主要是指导师的理论指导能力、实践指导能力、师风师德等方面；对于高校的评估内容则主要集中在相关管理制度、保障制度、与企业的合作程度、实践场所；对企业的评估主要是评价企业在培养学生综合能力方面发挥的实际效果如何，企业是否真正履行了同高校联合培养人才的承诺。实践教学环节的顺利开展、实践育人理念的推广和深入人心需要多方主体的共同努力，政府和教育部门、高校、导师、社会、学生既是实践教育的受益者，也是促进实践教学发展的主力之一。丰富评估主体，提升评估主体的评估质量，是保障实践教学质量的根本。

（5）实践教学保障体系

实践教学环节的顺利开展及实践教学体系的规范运行需要一系列的保障条件作支撑。实践教学的开展不仅需要良好的实践教学环境和氛围，也需要充足的、高质量的物质基础和智力支撑来保障学生实践活动的有效开展。实践教学经费是制约实践教学活动进行的重要因素。充足的资金是实践基地建设、教学改革、教学设备更新、教学效果提升的重要物质保障和基础。

全日制专业学位的生源特点和培养目标要求导师要具备较高的学术水平、较强的实践能力以及将知识转化为技能的意识。好的导师就是引导学生打好专业基础、培育知识转化能力、指导运用技能方法、教导学生注重道德素质和职业素养的修炼。校内外导师高质量的联合培养是保障全日制专业学位职业能力养成的关键所在。因此，专业学位导师要具备一定的实践经验，不仅有责任给学生灌输基础理论知识，也要传授专业技术和职业技能，培养学生成为具备职业能力的专业化人才。实践教学的学习过程是一个双向行为，不仅包含了为师者的教学方法，也包含着为学者的学习方法。学生要把握的不仅是原理性的教学方法、更应掌握技术性和操作性的教学方法，只有这样才能促进专业学位职业能力和素养的提升。师者，传道授业解惑，导师不仅是学术上的导师、能力培养上的导师，更是帮助学生树立人生观、价值观、道德观、职业观上的导师。导师们树德育人的教育方式，保障了实践教学的质量，更传承了实践教学的精神，为国家和社会培养大批高素质、高水平、高质量的青年才俊。

实践教学基地是培养全日制专业实际应用能力的重要平台，是高校开展实践教学培养学生实践能力、专业技能、创新能力的核心载体，是学生接触职业岗位、融入社会的重要途径。高质量的实践教学基地是培养高质量的创新型人才的重要保障，基地建设目标、建设条件、建设原则及基地运行模式直接影响实践教学基地建设质量和运用效果。实践教学基地建设要体现专业学位培养目标，这是基地建设的前提，只有建设的方向是正确的，才能确保全日制专业学位培养质量的根本。基地建设主体的多元性还要求建设过程中必须坚持互利共赢、权责分明的建设原则。基地建设既要满足高校专业学位实践能力得到切实的培养，也要考虑企业自身的经济利益。只有同时坚持互利共赢与权责分明的原则，才能建立企业与高校的长效合作机制。另外，实践教学合作模式应随着社会经济发展不断创新，高校在传统的校企联合模式、院校联合模式基础上开拓实践教学基地合作新模式，充分利用社会资源和学生专业所长培养全日制专业学位的综合能力。

3.2.2 实践教学体系构建的指导思想及基本原则

3.2.2.1 指导思想

根据学校人才培养目标定位，坚持以“学生为主体”的理念，以实践教学模式的改革为主题，以实践教学内容和方法的改革为切入点，以提高学生综合素质，培养创新精神和实践能力为目标；以学生的目的需要、能力拓展、知识结构为中心开展实践教学，构建符合实际的实践教学体系。同时，坚持高起点、有突破，体现科学性和可操作性，实现学科专业和地域特色。

3.2.2.2 基本原则

（1）目标性原则

实践教学体系的构建要紧紧围绕学校的办学指导思想、专业培养目标和人才培养规格进行。应用型本科院校要培养具有创新精神和实践能力全面发展的专业人才，这是构建实践教学体系的出发点，也是评价实践教学体系是否科学合理的重要依据。

（2）系统化原则

遵循教学规律和认识规律，结合各个专业特点，按照组成实践教学活动各环节的地位、作用及相互之间的内在联系，形成互相衔接、彼此连续的实践体系，并贯穿于教学全过程。

（3）一体化原则

实践教学活动各要素之间应协调统一，并从人才的全面素质和能力发展的要求出发，注意教学各个环节的相互配合，强化彼此之间的内在联系，注意实践教学与理论教学的相互渗透，与教学内容和课程体系改革相适应，使实践教学体系既相对独立，又与理论教学相得益彰。同时，在培养方案中规范实践教学内容和形式，制定出相应的考核标准和要求，目标体系落实到每一个部门、课程和教师，固化于部门的工作职责、专业培养计划、课程教学大纲和教师的岗位职责之中。

3.2.3　实践教学体系的基本构架与内容组成

实践教学体系的基本构架与内容组成指实现某专业人才培养目标所涉及的必须进行的必修和选修的实验、实习、实训、毕业设计、学生科技活动等内容，实施序次和项目模块的组合与管理的构架，以及相关实践教学条件与教学资源的建设和效果评价。

3.2.3.1　基本构架

实践教学环节主要包括：实验（演示、验证、技练实验，综合、设计、探究性实验），实习（各类实习基地建设与使用），课程设计，毕业设计（或毕业论文），课外科技活动（包含产学研结合的就业，创业能力与素质的实践锻炼内容的设计）。根据专业培养目标、人才培养规格和专业技能规范的要求，遵循构建实践教学体系的基本原则和学生的认知规律，结合应用型本科院校的特点，一般构建校级和院系级两个层次的教学实验室（中心）和实习基地；建立公共基础教学实验实习平台、学科实验平台、专业特色实验和实习与创新基地等模块。校级教学实验室（中心）和实习基地是以“公共基础实验，实习平台”为主体，包括部分实习与创新基地。院系级教学实验室和实习基地是以“学科实验，专业特色实验平台”为主，学科实验平台按学科或专业大类公共实验设置，专业特色实验室按专业实验要求进行设置。根据实践教学环节的主要组成，构建合理的实践课程体系，制订独立完整的实践教学计划，突出实践能力和学生创新意识的培养。在现有教学资源的基础上，逐步完善实践课程的教学内容，制定、改革实践教学大纲，做到理论教学与实践教学实质上的结合，突出应用型本科院校的特点。

3.2.3.2　内容组成

实践教学体系内容的组成应体现“课程实验、集中实践及拓展与创新训练”三位一体的结构，体现学生创新思想、专业技能和实践能力培养的整体目标并分解落实到各实践教学环节中去。

（1）科学实验基本能力训练平台

在学生低年级阶段，结合基础理论和专业理论教学的需要，改造验证性试验，从实验指导书的编写入手，由浅入深，由逐步简化实验步骤到只提出教育导论实验目的和实验要求，学生自己设计实验程序并操作，处理实验数据，得出需要验证的结果；打破课程实验的界限，根据各实验开设的先后，确定其自主设计的比重，在全面分析各门课程教学需要和教学安排的先后次序后，从整体上设计系统合理的实验教学改革方案，并协调各门课程实验教学的教师实施，系统训练学生实验动手能力；形成系统性、多层次、循序渐进的科学实验基本能力训练平台。

（2）综合实践能力训练平台

增设综合实践教学环节，根据综合性实验教学的特点，在充分分析本专业相关课程构成和课程教学要求的基础上，整合、删减陈旧过时的教学内容，重新制定实验教学大纲，编制灵活的实验教材；在不增加教学总学时的前提下，按照综合性实验的教学要求构建新的实验项目，指导学生进行综合性实验的设计和实施。通过对课程的各单个实验项目进行整合和调整，设置既满足各教学点教学要求又训练学生综合实验能力的综合性实验。在专业教学阶段，根据各专业特点和相关课程能力培养要求，独立设置综合性实验课程，提供学生综合应用所学知识，进行设计性、创新性实验的平台；提高课程设计的教学要求，将其改造成培养学生综合实践能力的又一重要环节。

改革实习实训环节。实习不仅以学生对专业知识的巩固和专业相关实践知识的认知为目标，同时将探索和发现问题及思考问题作为实习教学的教学目标之一，充分发挥其培养学生创新能力的潜能，改革实习教学方法。启发学生提出问题、带着问题去实习；鼓励学生在实习中发现问题，特别是实际工作中与课本讲述不相符的地方，通过问题的提出以及答案的探寻，在加深学生对专业知识认识的同时，使学生创新能力、创新精神和创新素质得到全面的训练。与此配套，实习的考核方式也应相应改革，以鼓励学生利用实习教学环节自觉地去探索、发现和思考问题。

（3）创新能力训练平台

开展课外实践，培养创新能力。课外实践活动包含科研活动、科技竞赛、学术论文、设计创新、校园文化、体育竞赛、艺术培训、社会实践等方面内容。从学生兴趣及社会对人才需要及学生终身需求等方面入手，探索课外实践活动新内容、新形式、新途径、新方法，建立激励学生课外主动探究、主动创新的评价体系，为学生提供多渠道、多途径课外实践机会，把课外实践能力培养与课内基础技能和专业技术提高相结合。发挥毕业设计对学生创新能力综合训练的作用。在毕业设计阶段，教师更易于因材施教，根据学生前阶段能力培养的状况，帮助学生选择适宜的毕业设计(论文)题目，保证大多数学生的能力得到综合训练。同时，对优秀的学生要求其选择有难度的题目进行研究，也允许学生将前期参与创新基金的研究项目的深入研究作为毕业设计(论文)的题目，争取通过进一步的研究取得具有创新意义的成果。

3.2.3.3　实践教学体系的保障与管理系统

（1）保障系统

健全领导机构，强化组织保障，建立上下协调，分层管理的实践教学组织系统。实践教学方面的重大决策由校教学工作委员会讨论决定；有关部门(教务处等)负责对日常实践教学进行宏观管理，制定相应的管理办法和措施；院系主要领导全面负责本专业实践教学工作，分管领导具体负责有关实践环节的管理、组织和实施工作，各级实行问责制。

统筹规划，加大实验室建设力度，充分利用现有资源，重新整合实验教学资源，合理规划与建设实验室。重点建设学生受益面大的校级教学实验中心或创新实习基地；逐步建设开放实验室，制定切实可行的开放实验室管理办法，提高仪器的利用率，为学生自主、独立实践提供必要的条件。

加强基地建设，建立“三合一”模式，建立一批相对稳定的实习基地。积极开展实习模式的改革，改革由认识实习和岗位实习的单一实习模式，建立面向市场、面向社会、有各专业特色的实习模式。通过校内仿真实践基地缩短学校与企业之间的差距，建立认识实习、岗位实习与仿真实习“三结合”的实习模式，使之成为理工类专业的主要实习模式。经管和文法类专业采取校外实务实习和校内模拟实习相结合的实习模式。把组织课堂教学、班主任工作、课外活动、毕业实习等教学实践活动贯穿于四年的教育教学中，努力提高师范类学生的实践能力。

加强队伍建设，确保教学质量，建设一支高水平的实验教学师资队伍，保证实验教学质量。改变重理论轻实验的现状，鼓励教授、副教授进实验室带本科生的实验教学课程，校人事处在相关政策方面要有一定的倾斜。有计划地定期对实验技术人员进行专业知识、技能的培训，提高实验技术人员业务水平。

（2）管理系统

计划管理根据专业培养方案，制订各类课程实践教学大纲，经院系教学工作委员会审批并严格按计划执行。对各专业实践教学环节的内容、目的与要求、时间安排、教学形式和手段、教学所需实施条件、考核方法等做出明确规定，注意各实验内容的优化配合，避免重复或脱节运行管理。保证实践教学必需的专项经费，院系负责各个实践教学环节的落实和组织工作。每个环节实施做到 5 个落实：计划落实，指导教师落实，经费落实，场所落实和考核落实；实践教学的经费要专款专用；加强对毕业论文（设计）工作的管理，选题要紧密结合教学、科研和生产实际；工科要通过大量探索性实验，文科要通过社会调查等形式，扎扎实实开展工作，使毕业论文真正成为培养学生分析问题、解决问题和创新能力的重要和标志性教学环节。

①质量管理。根据各实践教学环节规定的教学内容和技能训练项目的基本要求，制定各实践教学环节的中期检查督促和成绩考核办法，有关部门（教务处）建立实践教学的检查和评价体系，通过科学的评价和考核，促使实践教学达到应有效果。

②基地建设管理。加强实践教学基地建设的管理工作，满足多种实践教学环节的要求。在校外基地建设上，充分发挥院系两级积极性，本着与实习基地互惠互利的原则，充分利用学科专业优势，主动出击，服务社会，通过多种形式，建立相对稳定的综合性、专业性的实践教学基地。

③制度管理。进一步制（修）订规范实践教学体系的管理文件，完善检查和质量监督措施，同时结合实践教学的共性和不同专业的特殊要求，制订本单位加强实践教学的规章制度，并严格执行。实践教学改革的成败关系到高校整体教学质量和人才培养目标的实现，构建科学合理的实践教学体系。

3.2.4 应用型本科实践教学体系存在的问题分析

3.2.4.1 理想模式

应用型财务管理专业实践教学创新模式的特点为一条主线、两个体系、三大基础、四个方面、五个层面、六个环节的特点。具体为：“一条主线”体现了以岗位对财务管理专业从业人员的能力和基本素质的要求为目标。为实现这一目标，必须合理设置“两个体系”——理论教学体系和实践教学体系，在理论教学体系里设置了公共基础课、专业基础课、专业核心课、选修课四个平台，提高学生综合素质，提供必需、够用的理论知识，奠定可持续发展的知识基础。“三大基础”在实践教学体系里设置了课程设计、实训、实习、实践协作综合实训、顶岗实习等子模块，为了体现财务管理专业特色，根据财务管理的发展现状和发展前景，必须打好“三大基础”：一是人文素质基础，它包括英语水平、财经写作及财务管理从业人员所必需的诚信基础和其他基本素质；二是财务管理业务处理基础，包括财务管理账务处理、财务管理报表的编制、经济活动的分析、资金的筹集以及预测和决策分析；三是计算机应用基础，它包括计算机操作与维护、财务软件的使用与维护等。“四个方面”财务管理专业的实践教学应从四个方面逐步展开：首先是科学构建实验实践教学内容体系，依次是实践教学目标、实践教学环节和实践教学结果的评价；针对目前本科财务管理专业人才实践能力特别是综合实践能力、创新创业能力不强的实际情况，应将实验实践教学的功能定位，构建一套涵盖课程单项性实验、课程综合性实验、专业综合性实验、跨专业综合性实验、创新创业实践“五个层面”；实践教学“六个环节”包括实训、实验、社会调研、专业实习、综合实习 (毕业实习)、毕业论文 (设计)。

3.2.4.2　观念不足

对应用型人才培养教学模式没有深刻认识目前高校中还没有完全形成强化财务管理实践教学的理念，部分师生对应用型人才培养模式和对强化实践教学重要性缺乏深层次认识。一些高校对适应高素质应用型人才培养的教学手段和方法仍比较短缺和落后，依然采用传统的财务管理教育方式，不注重学生应用知识能力培养，培养出的学生高分低能 。大学教育普遍存在“上课抄笔记，下课背笔记，期末考笔记”的一种错误的教学模式。

3.2.4.3　方向错误

重理论、轻实践，实践课时严重不足是现在学校教学普遍存在的问题。各大高校课程设置通常是理论课在前，实践课在后。老师讲课按照课本、课件走，课堂教学多是理论；实习课一般放在最后一学年或者最后一学期，造成理论与实践脱节，实习教学流于形式。诚然，在很多的高校财务管理专业中，基本上都开设了实践性教学课程，但实践性教学课时明显不足，不能满足实践性教学的需要。以某学院财务管理本科培养计划为例，除选修课程，必修课课时 2160，实践学时

432，总学时 2592，实践教学环节课时占比为 16.67%；然而，除了毕业实习和毕业论文等所占学时，学生所接触的与专业相关的实践课时仅为 48 学时，占所有实践学时的 11.11%，占所有学时的 1.85%。

3.2.4.4 课程无趣

实践教学课程设置单一、传统，不能激发学生的学习兴趣。一些高校开设的实践课程大多是基础财务管理，中级财务管理、成本财务管理等涉及较少，而涉及财务管理、审计、税收等课程的实习项目就更少，实践教学一般都是财务管理模拟实验，且手工、电算化分开，学生仅能完成简单的凭证填制、账簿登记、报表编制过程，而且业务复杂程度低，操作不规范，不能满足企业对财务管理人才实践能力的要求。财务管理实践教学，很多环节还是停留在比较传统的财务管理模拟实验室水平上，实际上还是以教师、课堂、教材这种“三点一线”的培养模型。

3.2.4.5 考核不健全

高校对教师的实践教学效果没有明确的要求和考核标准，对老师个人的职称考核，一般只看学历和科研成果；而老师对学生学习情况的考核一般在期末进行，大都以考试的方式进行，并不能检验出学生专业实践能力的高低。很多学生对财务管理专业应用能力硬性要求认识不够，在学习中注重专业理论的学习，缺乏实践能力锻炼，不能做到理论联系实践，平时的理论学习更多是应付期末考试，或者各类考证，对专业实践不重视、不感兴趣。

3.2.4.6 仿真度不足

校内实践基地建设过于倚重仿真度，这成为现有校内实践基地建设上的一个误区，认为校内实践基地仿真度越高，越能训练学生与企业实际工作对接的能力。其实，这种看法是有失偏颇的。原因有二：其一，企业所处的行业不同，实践教学所涉及的内容略有不同。校内实践基地一般只能选取工业企业作为代表，不可能对所有不同行业进行模仿。从成本效率角度来讲，模仿所有行业的经营是不可取的。如此，也只能训练学生某一行业企业实际工作的对接能力。其二，仿真实践基地的建设往往只是模拟企业的生产经营流程、业务资料，没法体现财务管理在企业实际工作中碰到的问题，这样学生仍然无法处理好实际工作中遇到的诸多问题，与企业实际工作对接的能力大打折扣。

3.3　应用型本科高校实践教学体系建议

3.3.1　积极探索应用型财务管理专业实践教学模式的创新之路

3.3.1.1　以学生为中心

财务管理实践教学是以先进的现代教育理论为指导，充分发挥学生在实践过程中的主动性、积极性、创造性，使学生成为实践活动的主体和知识意义的主动建构者，而不是外部刺激的被动接受者和知识灌输的对象；教师则成为课堂教学的组织者、指导者，学生建构意义的帮助者、促进者，而不是知识的灌输者和课堂的主宰者。

3.3.1.2　以需求为动因

这是在财务管理实践教学中及时了解社会和用人单位对财务管理人员的需求状况，预测社会经济发展对财务管理人员的知识、技能等方面提出的新要求。在此基础上确定财务管理实践教学目标、规划财务管理实践教学体系。

3.3.1.3　以能力培养、综合素质的提高为根本

在实践教学中注重学生的能力培养以及综合素质的提高。财务管理专业的能力包括实践操作能力、更新知识能力、组织协调能力、业务沟通能力、职业判断能力、创新能力等，注重学生综合素质的提高，培养学生具有敬业爱岗、诚实守信、廉洁自律、客观公正、坚持准则、提高技能等良好的职业道德。

3.3.1.4　以服务社会为宗旨、以岗位为基础

在财务管理实践教学中，在仔细分析财务管理职业特征的基础上，结合社会行业需求，对学生所需要掌握的知识和技能进行岗位化分解，并以此为基础，设置实践内容，配备教师资源。它能有效地解决职业实际需求与课堂知识的差异，并能为学生成长提供立体化的教育环境。

3.3.2　研究应用型本科财务管理专业实践教学模式

3.3.2.1　建立实践教学目标体系

实践教学目标体系是实践教学体系的核心，起引导驱动作用，因而目标的正确性非常重要。我们所确立的目标：通过实践教学环节使学生进一步巩固和加强专业的基础知识，掌握财务管理专业最新实用技能，熟练运用所学的专业知识和

理论方法去发现问题、分析问题和解决问题，通过实践形成良好的职业道德素养和工作作风，使学生的反应能力、学习能力、交际能力、创新能力得到培养，综合素质有所提高，形成具有本校特色的实践教学体系。

3.3.2.2　建立实践教学内容体系

实践教学内容体系具体包括实践教学环节以及各个实践教学环节应如何合理配置。通过多年的观察和思考，笔者认为实践教学环节应包括：课程设计、实验（课程实验、综合实验、仿真实验）、实习、创新活动、科技活动、社会实践等内容；对于实践教学各个环节的配置应以学生能力培养、综合素质提高为主线，按素质教育、专业知识认知、专业技能掌握和应用能力提高，由验证到认知、由单一到综合、由应用到创新，由浅入深地实行一体化、多层次、开放式的实践教学体系。

3.3.2.3　建立实践教学支撑保障体系

实践教学支撑保障体系要求具有一定的实践教学环境和实践能力的师资队伍。教师队伍是实践教学体系的构建者，更是实践教学体系的实施者。当前，高校中具备专业理论、实践操作两重知识和能力，综合素质高且掌握教育规律的教师并不多见，这必然影响到实践教学的效果，为此可以采取多种途径来提高教师的实践能力。如可以招聘引进既有高学历又有实践经验的管理人才；鼓励教师与企业合作，为企业提供咨询或培训、参与企业的项目开发等，积累教学所需要的专业技能和实践经验；聘请企业界的专家来校指导等。

实践教学环境中的实践工具保障。实践教学工具包括：一方面是实验室体系和能够满足经管类实验教学与专业综合实验教学需要的软件体系。另一方面是实验教学工具建设，包括自行开发设计模拟企业运作的实物沙盘与电子沙盘、沙盘教学系列方案、综合评价系统软件包和实践教材等。编写与选用实训教材时应做到所选财务管理模拟实训资料的题型应具有代表性、全面性、合理性。

科学严谨的实验教学方法，可以起到事半功倍的效果。实际教学中可将沙盘演练法、博弈对抗法、团队学习法、专题讨论法、点评法等多种方法引入实验教学过程，既极大地激发了学生的学习热情，大幅提高了实验教学的效率，也使师生关系发生了显著变化。教师从以讲授知识为主，转变为以策划教学内容、创设学习情景、配置学习资源、引导学习方向、解答学习疑难、监控学习过程、评估学习效果为主；学生从知识的被动接受者转变为知识的积极探究者，他们学习的内容不仅来自课堂和教师，还来自图书馆、网络和其他实验团队成员。

3.3.2.4　建立实践教学管理体系

实践教学灵活多样、涉及面广、时间跨度大，其管理工作难度较理论教学大得多，要确保实践教学各项措施落实和运行，就必须建立规范化的实践教学管理体系，保证实践教学的质量。实践教学管理体系具体包括：实践教学组织管理、实践教学运行管理、实践教学管理制度和实践教学质量管理。

3.3.2.5　实践教学评价体系

从财务管理实践活动和岗位要求分析入手，根据企业财务管理岗位用人的需要，以就业为导向、以能力为优先、以素质为本位，以国家职业技能标准为依据，围绕企业财务管理岗位的职业能力来设计实践项目，各项目从该岗位能力要求出发设计学习单元，制定相应的评价内容、评价办法和评价标准。逐步构建应用型财务管理实践教学全局性考核体系，实现评价标准能力化、评价内容综合化、评价方法多样化，过程性评价和终结性评价相结合，定量评价与定性评价相结合。

总之，由传统的财务管理专业实践教学模式、人才培养目标向新型的适应市场需求的应用型人才培养模式转变，是现代教育理念对传统观念的一种突破，是符合经济社会发趋势的一种历史进步。因此，只要我们遵循客观规律，抓住有利的历史机遇，就一定能够成功地培养出适应市场需求的应用型、技能型的财务管理人才。

3.3.3　积极加强学校硬、软件建设

3.3.3.1　加强师资力量的建设

（1）提高教师队伍中实践教学教师的比例

将实践教学教师与学生之间的比例保持 1∶30 左右。随着实践教学教师数量的递增，其教学任务就会有所减轻，教学质量就有保证。

（2）鼓励老师在外任职

鼓励财务管理专业老师到外任职，扩大“双师型”教师比例，优化财务管理专业教师内部结构。为使教师的理论知识与财务管理工作的实际相结合，更好地指导学生实践学习，可以组织教师到企事业单位的财会部门、财务管理师事务所、审计事务所等有关部门调查研究，鼓励老师到企业任职。主动聘请企业、财务管理师事务所、资产评估所的人员到学校任教。

（3）加大对实践教学教师的培训，提高教师实践能力

通过培训调动教师参加实践技能训练的热情，为教师提供更多实践技能培训机会，加大对教师的岗前和岗中的定期与不定期的培训、进修投入，组织安排教师到企业、科研单位、设备生产厂家、其他高校参加培训和进修；聘请企业相关专业培训讲师进行短期的培训工作。

3.3.3.2 加强实训基地的建设

校内和校外相结合的实训方式，能够让学生熟悉企业财务管理工作环境，有助于提升学生的动手能力和分析能力，真正做到理论联系实际，为毕业后能迅速适应财务管理岗位工作打下坚实的基础。应用型高校应积极在校外建立学生实验基地，让学生在真实的财务管理工作氛围中得到成长和锻炼，扎实掌握各项专业技能。同时，应用型高校应该与财务管理行业加强沟通交流，充分利用各自拥有的资源，实现教育资源和行业资源的互补。高校还可以与财务管理毕业学生流向最多的、最有代表性的企业建立友好的合作关系，建立健全“校企联合”模式，根据行业要求对学生进行高标准的定向培养。

3.3.3.3 加强实践教学各环节的协调和衔接

知识来源于实践，能力源于总结。学生的综合素质能力更需要在实践中逐步积淀。实践对于大学生成长至为关键，但是实践能力的培养需要合理安排好各个层次的实践教学内容，综合运用各种实践教学手段，合理配置教学资源。只有统筹安排，科学规划，才能更好地实现实践教学体系各层次各环节的衔接与协调。

3.3.3.4 优化校内教学体系

（1）提高财务管理实践课程课时比重

过去的专业实践课时比例一般为 10% 左右，应将财务管理实践课程的课时比例提高到 30% 以上。

（2）创建理论与实践结合的课程

创建多种学科、多种实践考核方式相结合的实践课程体系。财务管理实践课程设置内容应包含财务管理专业相关学科，不能只包含基础财务管理这门课程，应加强财务管理综合模拟实验、专业岗位模拟实验、顶岗实习、设计毕业论文等多方面的财务管理实践课程设置。实践成果考核涉及实践报告、实践论文、实验成果等多种方式。

（3）利用校外和校内实习相结合的方式

在完成财务管理专业课程的理论学习后，让学生带着任务和问题到企业进行4周左右的时间实习，老师根据学生的实习情况进行评价和总结。

（4）设置不同年级、不同层次的实践内容

应在实践课程体系中，增设专业岗位模拟实验和岗前实习，学习内容不局限于课堂，真正让学生发散思维，加深对财务管理知识和技能的理解与掌握。

3.3.3.5　建立健全新的考核机制

对于财务管理专业的教师，考核标准不能单纯依靠学历、科研成果，应将学生对教师的实践教学效果反馈、教师指导学生实习就业成果、教师的社会实践经验等各方面因素纳入考核评定范围；对于财务管理专业的学生，也不能只从期末考试的分数上评定学生的学习效果，应该综合考虑学生的实践能力和对专业知识应用能力。

“应用型高校”是各大高校为明确自己的办学目标、特色，为满足社会经济发展对财务人员的要求，在教学中不断探索的结果。不同特色的应用型高校财务管理专业，对实践类课程的设置也不同，但就目前企业单位对财务管理专业毕业生的评价和要求来看，高校培育的财务管理人才和企业所需要的人才之间的确存在很大的差距，财务管理专业实践课程的设置还需要不断地完善和改进。

第4章　基于多元智能理论的应用型本科实践教学体系构建——以财务管理专业为例

4.1　应用型本科高校财务管理专业实践教学效果影响因素分析

4.1.1　调查目的

随着国家“大众创业、万众创新”口号的引导，地方高校向应用型本科教育转型发展的进程进一步推进，高校原有的实践教学体系已经不能满足转型后学校的人才培养目标。财务管理是应用性与操作性都很强的一门学科，要求学生具备较强的动手操作能力，因而实践教学对财务管理专业显得尤为重要，目前本科高校财务管理专业教学仍以课堂讲授为主，缺乏实践教学，学生动手能力远远不能满足社会要求，尽管近些年来不少院校相继将财务管理实务等实训课程加入人才培养方案，以企业合作开发建设了一定数量的校外实习基地，为实践教学提供了一些必要条件，在一定程度上提高了学生的动手能力，但实践效果远远未满足社会需求。本书针对财务管理专业的实践教学现状，以财务管理专业应届毕业生为调查对象，通过问卷设计、问卷发放与收集以及问卷数据分析等环节，试图分析出财务管理专业实践教学体系影响因素，特别是在双创时代背景下，应用型本科高校财务管理专业实践教学效果都受到了哪些重要影响因素的影响，以深入有序地推进创新创业工作，全面提升大学生的创新意识和创新思维，培养大学生的创业精神和创业实践能力。

4.1.2　问卷设计与调查

4.1.2.1　问卷设计

为确保测量工具的信度和效度，此次调查问卷的设计采用文献分析、学校深度调研和访谈相结合的方式。首先基于相关文献分析设计一份初步的调查问卷，随后与相关领域专家、部分学校管理者就问卷内容进行深访谈和预调研，并根据访谈者提供的意见对问卷进行调整和修正，最终确定本研究调查问卷。在经过小量样本的预测试后，对问卷进行修正处理，得到正式问卷，正式的调查问卷共 16 个实践教学体系影响因素，它们包括学校平台状况、课程设置、质量管理、学生接受度等。

4.1.2.2　问卷调查

为提高调查结果的科学性、代表性、典型性，提高问卷的回收率和有效性，课题组在全国高校开设财务管理专业的学生群体采取随机发放的方式，从 2018 年 6 月至 2018 年 11 月，共投放问卷 250 份，回收 233 份，回收率为 91.6%，其中有效问卷为 229 份。

4.1.3　问卷数据统计与分析

财务管理专业实践教学体系影响因素指标利用 SPSS 23.0 统计软件对 229 份有效问卷做因子分析，统计结果如下：

（1）KMO 与 Bartlett 球度检验

检验结果如表 4-1 所示：KMO 值为 0.958，大于常规标准 0.6。Bartlett 球度检验对应的 P 值为 0.000，远远小于 0.05 的判断标准，说明通过 Bartlett 球度检验，这些数据说明变量适合进行因子分析，见表 4-1。

表4-1　KMO与Bartlett球度检验

KMO and Bartlett's Test		
Kaiser-Meyer-Olkin Measure of Sampling Adequacy		.958
Bartlett's Test of Sphericity	Approx. Chi-Square	5912.193
	df	120
	Sig.	.000

（2）变量共同度

在剔除共同度低于 0.4 的题项后，得到的题项计算结果如表 4-2 所示。可以看出，经过反复修正后大部分变量的共同度都在 0.5 以上，说明公因子对原始变量的解释程度较高，因子分析的效果比较理想。

表4-2　公因子

	Initial	Extraction
Q1	1.000	.830
Q2	1.000	.831
Q3	1.000	.864
Q4	1.000	.808
Q5	1.000	.865
Q6	1.000	.866
Q7	1.000	.895
Q8	1.000	.840
Q9	1.000	.880
Q10	1.000	.917
Q11	1.000	.889
Q12	1.000	.877
Q13	1.000	.881
Q14	1.000	.880
Q15	1.000	.902
Q16	1.000	.797

Extraction Method: Principal Component Analysis

（3）因子载荷矩阵和总解释方差表

总解释方差表和因子载荷矩阵的计算结果如表 4-3、表 4-4 所示。

图4-3　总解释方差表

Total Variance Explained

Component	Initial Eigenvalues			Extraction Sums of Squared Loadings			Rotation Sums of Squared Loadings		
	Total	% of Variance	Cumulative %	Total	% of Variance	Cumulative %	Total	% of Variance	Cumulative %
1	12.939	80.866	80.866	12.939	80.866	80.866	9.071	56.696	56.696
2	.883	5.522	86.387	.883	5.522	86.387	4.751	29.692	86.387
3	.341	2.129	88.517						
4	.304	1.899	90.416						
5	.256	1.602	92.018						
6	.236	1.472	93.490						
7	.216	1.347	94.837						
8	.168	1.052	95.888						
9	.128	.799	96.687						
10	.120	.747	97.434						
11	.115	.720	98.155						
12	.082	.513	98.667						
13	.077	.480	99.147						
14	.052	.325	99.472						
15	.043	.271	99.743						
16	.041	.257	100.000						

Extraction Method: Principal Component Analysis

表4–4　因子载荷矩阵

Rotated Component Matrixa		
	Component	
	1	2
Q15	.873	.376
Q14	.865	.364
Q10	.845	.450
Q13	.839	.421
Q11	.836	.435
Q7	.831	.452
Q12	.828	.436
Q5	.827	.425
Q6	.827	.426
Q16	.821	.350
Q9	.808	.477
Q8	.741	.538
Q1	.272	.869
Q3	.470	.802
Q2	.473	.779
Q4	.551	.710

Extraction Method: Principal Component Analysis

表 4-3 可以看出，一共析出两个公因子，累计方差贡献率为 85.387%，结果可以接受。通过表 4-4 可以看出，原始变量 Q1、Q2、Q3、Q4 对公因子 2 的因子载荷大于 0.7，且这些指标都反映了财务管理专业实践教学体系构建的影响因素，本研究将此公因子命名为教育主体。原始变量 Q5、Q6、Q7、Q8、Q9、Q10、Q11、Q13、Q14、Q15、Q16 对公因子 1 的因子载荷大于 0.7，本研究将此公因子命名为教育客体，从影响因素指标内容来看，又分为教师和学校两个教育客体。

（4）信度分析

为了检验研究样本数据是否真实可靠，对财务管理实践教学体系影响因素以及探索性因子分析得到的三个公因子（学生、教师、学校）进行信度分析，并通过 SPSS 软件计算各变量的 α 系数且进行汇总展示，如表 4-5 所示。

表4–5　可靠性统计

Reliability Statistics	
Cronbach's Alpha	N of Items
.983	16

一般来讲，α 系数最好在 0.8 以上，0.7~0.8 属于可接受范围，如果 α 系数低于 0.6 则需要考虑修改量表。分析结果表明，信度检验结果良好，说明因子分析结果是可靠的。

（5）效度分析

效度分析的目的在于判断测量问卷题项是否准确有效。本研究提取的财务管理专业实践教学效果影响因素各指标都是通过查阅实践教学方向的大量文献和深度访谈获取的，为确保问卷内容的准确定和简洁性，在形成初始问卷伊始，对各题目进行了严格筛选和科学分类，并采用定量分析手段对测试题目进行指标准确性与有用性方面的判定与修正，使得测试有着良好的内容效度。通过 Bartlett 球度检验及 KMO 样本测度分析，且因子载荷值都大于 0.5，证实测试题目有着良好的结构效度。

4.1.4 财务管理专业实践教学效果影响因素分析

教育是一种有目的、有计划、有组织的培养人的社会实践活动，教师与学生是构成教育活动的基本要素。教育主体和教育客体相对，一般指教育者而言，即教育实践活动的组织者和实施者，而教育客体一般指教育的对象，即受教育者在受教育过程中主体认识的对象。“以学生为主体，以教师为主导”的观点，是我国现行许多教育学教科书的主流观点。这种“主体—主导论”的出发点，是既充分发挥学生的主观能动性，同时又充分发挥教师的启发引导作用。围绕学生在教育过程中的地位、作用和发展目标等问题，人们进行新的理性选择，经过许许多多教育工作者实践的检验，这就逐渐形成了主体教育思想。主体教育思想要求教育工作者确立一种现代的教育本质观，这就是：教育是学生在教师为其创设的学习生活环境中，经过自身知、情、意、行等身心活动，消化吸收内外各种因素的影响作用达到自我发展的过程，同时也是一种特殊的生活过程。基于这种新的教育观本质，主体教育思想认为，在教育活动中，教师是教育行为的主体，而学生则是自身生活、学习和发展的主体；现代教育过程是教师与学生双主体协同活动的过程，其核心目标是培养和发挥学生的主体性，而实现这一核心目标的关键是真正建立平等民主、互相尊重的新型师生关系。基于以上观点，结合本次问卷调查数据分析结果，本研究将影响财务管理实践教学效果的因素分为两大类，即教育主体因素和教育客体因素。

4.1.4.1 教育主体因素分析

“学生参与实践教学活动的热情”“学生的自我学习及自我约束能力”“学生对实践教学的正确认知”“学生的专业知识积累”这四条指标共同将实践教学效

果的影响因素归为教育主体，即学生因素。

（1）学生参与实践教学活动的热情

问卷调查显示，40.17% 的调查者认为学生参与实践教学活动的热情对实践教学效果的影响很重要，37.99% 的调查者认为重要，2.18% 的调查者认为这项指标对教学效果的影响不很重要，0.87% 的调查者认为不重要，18.78% 的调查者认为一般。从调查数据来看，学生参与教学活动的热情会对实践教学效果产生重要的影响作用。学习兴趣是学生学习的内部动机，是推动学生探求内部真理与获取能力的一种强烈欲望，它在学习活动中起着十分重要的作用。教学实践表明，学生如果对教学知识充满好奇心，对学会知识有自信心，那么他们总是主动积极、心情愉快地进行学习。对于学生来说，就更是如此。因此，我们在财务管理专业的实践教学中应注意发掘教材孕育的智力因素，选取富有吸引力的学习素材和活动内容，结合财务管理实践经验，从而使学生更好参与其中，课堂中才会有好的表现，才会获得愉悦的财务管理知识的学习体验。

（2）学生的自我学习及自我约束能力

问卷调查显示，53.71% 的被调查者认为学生的自我学习及自我约束能力对财务管理专业实践教学的效果有很重要的影响，32.71% 的被调查者认为这种影响重要，只有 1.75% 的被调查者认为很不重要。调查数据反映了实践教学效果会受到学生的自我学习及自我约束能力很大的影响。子曰：“以约失之者，鲜矣。”自我约束，就是按照道德或礼制的要求，进行自我管理，时时处处提醒自己，不要突破道德的底线，做有违道德和礼制的事情。孔子认为，一个人如果经常用道德和礼制的标准检视自己的思想和行为，严格自律，这样的人就会很少有过失。在学校管理中，通过一系列行之有效的管理措施，让学生形成自我管理、自我约束的能力，这是管理的最高目标，也是管理的最高境界。苏霍姆林斯基说：“只有能激发学生自我教育的教育，才是真正的教育。”魏书生说得更透彻，他认为：“真正的教师应当引导学生进行自我教育，使学生自我认识、自我克制。”教师在开展实验实训教学时，要使教学组织形式更加丰富多样，要鼓励学生积极参与，让实验实训内容更加贴近现实，如一些实训素材可以组织学生到社会上去收集、整理，然后运用专业知识和软件进行处理。除了在课堂上组织实验实训教学，还可以考虑走出学校开展实验实训教学，并且创设自我管理、自我约束的良好外部环境。

（3）学生对实践的正确认识

问卷调查显示，44.98% 的被调查者认为学生对实践的正确认识对实践教学效果会产生很重要的影响，40.17% 的被调查者认为这种影响重要，而只有 1.75% 的被调查者认为这种影响很不重要。从数据来看，绝大多数学生认识到了实践教学的重要性。应用型人才是具备较强的实践动手能力、自学能力、分析问题和解决问题能力等综合能力的有知识、高素质的人才。因此，在财务管理实践教学体系构建中，无论是在课程内容还是教学环节中，都应体现实践性，强调应用性和创新性，以满足培养具有财务管理基本理论知识和较强实践能力的应用型高级专门人才的需要。需要让学生认识到通过实践教学，学生可以真正接触到实际的财务管理工作，形成真实的财务管理感性认识，加深对财务管理理论知识的理解。只有这样，学生才能真正学会财务管理假设、估计、判断等技能，融会贯通和灵活运用财务管理知识与技能，提高选择与运用财务管理政策的水平，才能有机会进行实际的财务报表分析、财务管理监督、内部财务管理事务管理等实践活动，全面理解财务管理知识体系，培养综合而熟练的财务管理工作技能。

（4）学生的专业知识积累

问卷调查显示，54.12% 的被调查者认为学生的专业知识积累对实践教学效果的影响很重要，32.31% 的被调查者认为这种影响重要。只有 1.75% 的被调查者认为这种影响很不重要，11.79% 的被调查者认为这种影响一般。有学者认为实践教学是指在实验室或生产现场，根据实验、设计和生产任务要求，在教师的指导下，通过学做结合，以学生自我学习和操作为主，从而获得感性知识和技能，提高综合实践能力的一种教学形式。实践教学的内涵包括“硬实践”，即动手能力、操作能力的培养；还包括“软实践”，即理论知识的运用、心智技能的形成及实验经验的积累等实践教学活动。学生作为实践教学的对象和参与主体，是否具备相关专业知识对实践教学效果会产生很大的影响。因此，教师应注意学生在开展实践教学之前专业知识的有效积累。

4.1.4.2　教育客体因素分析

基于以上分析，教育客体因素包括两个部分，一部分是教师因素，相对应的影响因素依次是教师的实践经验与能力、教师在实践教学中的参与和合理引导、教学过程中实践教学和理论知识的结合程度、教师重视实践教学过程中的学生表现、实践教学与实际工作的契合程度；另外一部分是学校因素，相对应的影响因素依次是具体系统的实践教学体系和明确的教学目标、实践教学课程的内容、手段和方式是否合理、实践教学的课程时间安排（例如开课学期等）是否合理、实践教学基础设施的完善程度、校内实训基地的建设、与知名企业建立稳定的校企合作关系。

（1）教师的实践经验与能力

问卷调查显示，55.02% 的被调查者认为教师的实践经验与能力对实践教学效果会有很重要的影响，36.24% 的被调查者认为这种影响重要，只有 1.31% 的被调查者认为这种影响很不重要，7.42% 的被调查者认为这种影响一般。调查数据显示，高达 91.26% 的被调查者认为教师的时间经验与能力对实践教学效果会产生深远的影响。开展实践教学，必须要有足够经验且接受过相关训练的专业老师。但目前许多老师都是从学校直接到学校，缺乏一定的实践经验，因此，在传授知识时更多地是将课本上的知识客观、直白地陈述，而缺乏将理论联系于实际的建树，致使学生无法从所谓的实践教学中获得真正的实践经验。由于受传统教育观念的束缚，使得很多学校没有把提高教师的实践技能摆在重要的位置，给予应有的重视，对教师走出校门，到企业实践和体验没有相关的政策支持和保障，对教师的考核和收入分配仍然以课时量为主要杠杆。加之诸多的行政性、事务性的要求，使得教师缺乏与日新月异的技术发展和变化相适应的专业技术和技能。实验技术队伍很难适应实验技术现代化、仪器设备高精尖综合化的现实，实验技术队伍建设滞后已成为制约高校进一步发展的瓶颈。应用型高校教师不仅要具有坚实的理论基础，更要具备较强的实践教学能力，后者甚至比前者更重要。为此，应用型高校尤其是应用型高校应加强引导，组织教师学习讨论学校的办学理念与办学定位以及人才培养方案，使教师首先在思想上更新观念、提高教师对应用型人才培养目标的认同度，认识到教师自身专业实践能力的提升在实现应用型人才培养目标中的重要性，增强自身发展的危机感和紧迫感。能主动更新知识结构，强化实践能力的锻炼，善于将专业理论知识和专业实践能力有机结合，并有效转化为实际教育教学能力。应用型本科人才的培养注重实践能力，相应的对教师的实践教学水平要求较高。如何激发教师提升实践教学能力的内在动力，必须建立科学的考评体系，发挥考评的导向作用。不可否认，教师实践教学能力是一个渐进的培养和提升过程，不可能一蹴而就。同时，教师实践教学能力的提升也需要各方面广泛参与和共同努力，尤其需要调动教师的积极性和主动性，使广大教师明确应用型本科院校科学定位的必要性和应用型人才培养的重要性和紧迫性，主动参与社会实践，自觉提升其实践教学能力。

（2）教师在实践教学中的参与和合理引导

问卷调查显示，56.77% 的被调查者认为教师在实践教学中的参与和合理引导对实践教学的影响有很重要的影响，35.37% 的被调查者认为这种影响很重要，只有 1.31% 的被调查者认为这种影响很不重要，而有 6.55% 的被调查者认为这种影响一般。从调查数据来看，高达 92.41% 的被调查者认为教师在实践教学中的参与和合理引导对于实践教学效果有很大的影响。现在的教育教学一再地要求教师变更与时俱进的教学思想，转变教师的教学方法，以组织者、引导者和支持者的身份确立起来。只有教师的“教”与学生的“学”有效地结合，才能让我们的实践教学更加有效。课堂上教师要引导学生积极参与实践教学活动，并给学生及时的反馈信息。引导他们学会学习的方法，从发现问题——探索问题——解决问题——应用，做到“授人以渔”。当学生在课堂上注意力被转移时，要快速分析原因。通过改变教学方式，增加一些师生互动的话题，重新调动学生参与的积极性，把学生的注意力引回到实践教学中来。随着课程改革的实施，实践教学不再仅仅是传授知识、训练技能的过程，也是师生情感交流、思想碰撞、交流共鸣的过程。创设一种师生心理相融、合作交往的良好教学氛围，是促进愉快学习，提高教学效率，实现“再创造”的重要方面，和谐的师生情感交融，是引导和帮助学生进行“再创造”的催化剂。

（3）教师对实践教学与理论知识的结合程度

问卷调查显示，53.71% 的被调查者认为实践教学与理论知识的结合度对实践教学效果有很重要的影响，37.55% 的被调查者认为这种影响重要，1.31% 的被调查者认为这种影响不重要。数据显示，在实践教学的过程中，实践与理论知识的结合程度对实践教学的效果有很重要的影响。实践教学是在一定理论指导下，通过引导学习者的实践活动，从而传承实践知识，形成技能，发展实践能力，提高综合素质的教学活动。它是当前高校教学改革的重要内容，是巩固理论知识和加深对理论认识的有效途径，是培养具有创新意识的高素质工程技术人员的重要环节，是理论联系实际、培养学生掌握科学方法和提高动手能力的重要平台，有利于学生素养的提高和正确价值观的形成。在财务管理专业理论知识学习过程中或学习结束后，依据企业实际财务管理工作岗位对财务管理人员能力的需求，设置与理论知识相适应的财务管理专业技能操作内容，由既熟悉财务管理专业理论知识又具有企业实际财务管理工作经验的教师进行指导，采用以行动为导向的教学方法（如项目模块教学、情景模拟教学、探究式教学、案例教学等）和现代化的教学手段，在课堂上、校内财务管理仿真模拟实训室、网络教学平台等环境中进行财务管理专业单项技能（如建账、填制审核凭证、登记账簿、编制财务管理报表、点钞、翻打传票等）和财务管理专业专项技能（如手工、财务管理电算化财务管理核算流程综合岗位实训）的实验、实训，并通过校外实训基地（与学校合作的企业、学校自建实习基地等）进行财务管理专业岗位综合技能顶岗实习，使学生在掌握财务管理专业理论知识的同时，更具较强的财务管理专业技能操作能力，提升财务管理综合职业能力，这样的教学活动称为财务管理专业实践教学。

（4）教师重视实践教学过程中的学生表现

问卷调查显示，49.34% 的被调查者认为教师在实践教学过程中重视学生的表现对于实践效果有很重要的影响，40.17% 的被调查者认为这种影响重要，仅有 1.31% 的被调查者认为这种影响很不重要，9.17% 的被调查者认为这种影响一般。实践教学评价是对学生在实践教学过程中所取得的成果和变化的一种评判，是检验实践教学效果的有效方式。通过选用科学适用的评价方式，考核学生对于工作任务的完成和胜任能力，激发学生的学习热情和积极主动性，找到学生实际表现与工作标准之间的差距，进行针对性训练，提升学生的财务管理岗位实践能力。还要对实践教学评价反馈的信息进行分析，找出财务管理专业实践教学中存在的问题并加以改进，进而优化实践教学过程，如改变实践教学的方法、手段，修订实践教学内容等。因而实践教学的评价应得到重视。

（5）教师对实践教学和实际工作的契合程度

问卷调查显示，52.84% 的被调查者认为实践教学和实际工作的契合程度越高，实践教学的效果越好，37.99% 的被调查者认为这种因素很重要，仅有 1.31% 的被调查者认为这种因素的影响不重要。随着社会经济模式多元化的发展，用人单位对高校毕业生的实践能力和综合素质要求越来越高，社会对创新型人才的需求越来越强烈，传统的教学模式已难以满足社会对实践能力型人才培养的需要。国家教育部 2012 年印发的《教育部等部门关于进一步加强高校实践育人工作的若干意见》指出，各高校要结合专业特点和人才培养要求，增加实践教学比重，确保人文社会科学类本科专业不少于总学分(学时)的 15%、理工农医类本科专业不少于25%、高职高专类专业不少于50%，师范类学生教育实践不少于一个学期，专业学位硕士研究生不少于半年的实践要求。开展实践教学，必须要有足够经验且接受过相关训练的专业老师。但目前许多老师都是从学校直接到学校，缺乏一定的实践经验，因此，在传授知识时更多地是将课本上的知识客观、直白地陈述，而缺乏将理论联系于实际的建树，致使学生无法从所谓的实践教学中获得真正的实践经验。

（6）学校对具体系统的实践教学体系和明确的教学目标

问卷调查显示48.03%的被调查者认为具体系统的实践教学体系和明确的教学目标对于实践教学效果有很重要的影响；43.23%的被调查者认为这种因素对于实践教学效果有重要的影响，1.31%的被调查者认为这种因素很不重要，而有7.42%的被调查者认为这种影响居中。调查数据显示，91.26%的被调查者认为一个高校拥有具体系统的实践教学体系和明确的教学目标对于学生的实践教学效果有很大的促进作用。实践教学体系的建立需要学校根据办学定位和办学目标确定，院系结合自己学科、专业和课程特点具体落实，并且通过教学计划强化和保证实践教学活动的实施。只有具体系统的实践教学体系和明确的教学目标，才能将学校和院系的目标层层分解和落实，才能真正提高实践教学效果。

（7）学校实践教学课程的内容、手段、方式等是否合理

问卷调查显示，89.95%的被调查者认为合理的实践教学课程内容、手段和方式对实践教学效果有很大的影响。仅有1.31%的被调查者认为这种因素的影响力不重要。目前，高校呈现出实践教学体系不完整，实践教学环节的组织缺乏连续性、系统性、相互协调性和衔接性，缺乏专门的实践教学规划、管理、研究、评价机制。实验课完全依附于理论课程，在具体的教学实施过程中由理论课教师根据需要安排实验课时和实验内容，实验室和实验教师处于较为被动的位置。实践教学培养模式不科学。目前高校各专业普遍采用的人才培养模式主要还是以课堂传授理论知识为主，生产实习和实验操作、实践调查时间较少，教学评价也主要看学生理论知识的掌握程度。这种理论与实践相脱节的模式培养出来的学生实践创新能力、操作技能都较差，难以受用人单位青睐。 实践教学内容陈旧、形式简单。实验内容以演示型和理论验证型为主，缺乏设计型、工艺型、综合型、应用型和创新型实验，一些验证性实验的项目和内容也比较陈旧，且许多实验安排在理论教学之后。这样的教学安排在很大程度上已使实验成为理论教学的辅助手段，使得学生常常

处于被动状态，难以激发他们的学习兴趣，其主观能动性很难在实践过程中得到发挥。随着经济形势、科学技术、国家经济政策的不断发展变化，高校实践教学的内容也应随之更新。尽管各学校也开始重视这一问题，组织教师改编或新编讲义，但由于只是一种局部或个别的行为，因而并不能从根本上突破原有教材体系的框架，教材的改革和编写很难与科技经济飞速发展的步伐合拍。

财务管理专业的培养目标是培养服务于地方经济建设、具有良好职业道德素养、既熟悉财务管理专业理论知识又掌握财务管理职业技能、实践动手操作能力较强、满足企业岗位需求的应用技能型财务管理人才，实践教学是实现这一培养目标的有效途径，实践教学内容是实践教学的具体体现，科学合理的设计实践教学内容，对实践教学顺利、高效开展至关重要。财务管理专业实践教学主要是让学生在掌握财务管理专业理论知识基础上，对财务管理专业技能进行系统的学习、实践动手操作训练，熟练运用各项专业知识、技能到财务管理岗位工作，从而培养较强的综合职业能力。因而，实践教学内容应当紧密联系财务管理工作实际和社会实践需要，突出应用性和实践性。然而调查发现，很多高校财务管理专业实践教学在内容安排上不合理。一方面，由于受传统知识本位“重理论、轻实践”思想的影响，实践教学课时安排较少导致教学内容单一；另一方面，实践教学内容的设计者为学校财务管理专业教师，难免存在缺乏企业财务管理工作实践经验，不了解财务管理岗位实际需求的问题，未从学科理论体系的完整性出发设计实践教学内容，仅是财务管理理论知识的补充，与实际财务管理工作岗位需求严重脱节。因此，合理的实践教学课程的内容、手段、方式尤为重要。

（8）学校实践教学的课程时间安排（例如开课学期等）是否合理

问卷调查显示，48.03% 的被调查者认为实践教学的课程安排是否合理对于实践教学效果有很重要的作用，40.17% 的被调查者认为这种作用重要，仅有 1.31% 的被调查者认为这种作用很不重要。财务管理专业作为实用性、应用性都很强的学科，除了传授学生基本财务管理理论知识，更应加强对学生财务管理专业技能的培养，做到理论知识与实践技能相融合的“理实一体化”教学，既让学生掌握理论知识，又具备较强的实际动手操作能力，引导学生运用理论知识指导实践技能操作，并在实践操作中完善理论知识，将实践教学贯穿于财务管理专业教学的整个过程中，进而全面提升学生的综合职业能力。因此，应用型本科高校应该合理安排实践教学课程时间安排。

（9）学校应有良好的实践教学氛围

问卷调查显示，52.4% 的被调查者认为良好的实践教学氛围对于实践教学效果有很重要的影响，38.43% 的被调查者认为这种因素对于实践效果有重要的影响，仅有 1.31% 的被调查者者认为这种因素很不重要，7.41% 的被调查者认为这种因素无所谓。从调查数据来看，实践教学氛围越好，实践教学效果越好，应积极营造真实的职业环境。在课堂实训教学过程中，教师要将真实教学与虚拟教学相结合，在综合职业能力导向下，将真实与虚拟教学融入实践教学过程中，充分利用现代信息技术，开发虚拟超市、虚拟车间、虚拟实验室等虚拟的职业环境。

（10）学校对实践教学相关设施的完善程度

问卷调查显示，50.66% 的被调查者认为实践教学相关设施的完善程度对于实践教学效果有很重要的影响，37.12% 的被调查认为这种因素对于实践教学效果有重要的影响，10.29% 的被调查者认为这种因素无所谓，1.31% 的被调查者认为这种因素对于实践教学效果很不重要。调查数据显示，绝大多数被调查者认为实践教学相关设施越完善，实践教学效果越好。近几年来，各大高校对校内实践教学相关设施加大了投入力度，建设了一些现代化程度很高的专业实验室，而且每个学院都有自己的专业实验室。但是各个学院的实验室都是由学院自己管理，一般只针对本学院师生开放，因此实验室的利用效率并不是很高，平时大多数都处在空闲的状态。在校外实践基地的建设中，多数高校与企业都签订有合作的校外实践基地，但是由于很多单位顾及生产安全问题，所以这些校外实践教学基地一般都不太愿意让学生来实习。有些企业在学生实习过程中缺乏严格规范的管理，没有为学生安排专业的技术指导人员，学生在实践过程中的得不到有效的指导，学生来实习多数都流于形式。往往还有一些作为校外实践基地的企业甚至把前来实习的学生充当他们的免费劳动力。

财务管理专业实践教学的顺利进行离不开仿真、多样化的校内实训基地，在校外实训基地建设困难重重的情况下，校内实训基地建设显得尤为重要。应用型本科院校应多渠道筹措资金（如：地方政府投资、中央财政支持的专项基金、社会企业捐款、学生学费等），加大对校内实训基地的投入，建设满足学生单项技能实验、专项技能实训和综合技能实习需求的各种实训室，派专人深入企业，进行针对财务管理工作岗位、经营环境、工作流程等项目的调查研究，聘请企业财会专家进行指导、论证，对实训室的结构布局、软硬件设施等依据企业财务管理岗位需求进行周密安排，建设具有仿真性、先进性、系统性的校内实训基地。仿真性，指校内实训基地要模仿企业财务部的空间结构布局，桌椅、电脑等教学设备的选择与位置摆放尽量与企业一样，努力体现真实的财务管理工作环境，给学生身临其境的感觉，同时学生要严格按照实际岗位要求进行操作训练，培养实际操作技能，提升综合职业能力。先进性，指校内实训基地的软件、硬件等教学设备和实训资料都要紧跟财务管理政策的变更，具有一定的前瞻性，代表财务管理行业技术应用发展趋势，使学生通过实训掌握先进的财务管理专业操作技能，满足企业工作岗位需求。系统性，指校内实训基地建设要满足财务管理专业技能训练由简单到复杂、由单项技能到专项技能再到综合技能的逐步累积和深化、循序渐进的过程，针对各项专业技能建设与之相适应的实训室。

（11）与知名企业建立稳定的校企合作关系

问卷调查显示，52.84% 的被调查者认为高校与知名企业建立稳定的校企合作关系对于实践教学效果与很重要的影响，37.12% 的被调查者认为这种因素对于实践教学效果有很重的影响。从问卷数据来看，绝大多数被调查者认为高校与知名企业建立稳定的校企合作关系越紧密，实践教学效果就越好。应用型本科院校要实现其办学特色，培养出社会需要高素质的财务管理人才，就必须有实训场地，这是职业学校质量保障的一个基本条件。为了保证实践教学的顺利实施，学校一方面要加大投入，除了财会技能实训室、手工模拟实训室、电算化、ERP 沙盘实验室，再新建开票及税务申报实训室、模拟银行实训室、工商注册登记实训室等。在继续巩固校内实训基地的同时，大力开拓校企合作实训基地，建立校外实训基地，把实践教学环节向企业转移，学生按学校规定的学习内容和目标，在企业实务专家的指导、帮助下，运用所学的知识来处理实际业务，完成学习、实习任务，实现与企业实际业务接轨。

4.2　国内外典型高校实践教学体系构建经验借鉴

4.2.1　国外典型高校实践教学体系构建经验

在国外，实践教学历史悠久，可以追溯到亚里士多德、夸美纽斯、卢梭、杜威等教育家的教育思想。18 世纪末，埃奇沃斯在《实践教育》一文中提出了具有代表性的实践教学观点。20 世纪 70 年代以后，“以学生为本”的理念得到更大关注，教育改革在全球盛行。西方大学逐渐将实践教学制度化，为推行实践教学提供了保障。近年来，教师教育改革与发展推进着实践教学的步伐，借鉴发达国家教师教育的经验是我国开展实践教学的实践需要。国外非常重视实践教学，且各具特色，例如德国是教授和企业共同指导；美国开展如面试经验学习和企业实习等实践环节；英国的特点是采取工读交替式。国内高校通过借鉴国外经验，注重理论联系实际，积极探寻加强大学生实践能力建设的方法途径以及教学效果评估，探索形成本土化特色的实践教学理论“方法”，提高人才培养的质量。

4.2.1.1 美国

总结国外高校实践教学的相关经验的论著中，有关美国高校实践教学的研究成果占了较大比重。本节主要综述美国实践教学目标、实践教学内容、实践教学方式、实践教学评估、实践教学模式等方面，具体内容如下：

（1）实践教学目标的研究

美国开展实践教学的现实目标是实现教师专业发展，通过鼓励教师自我反思获得专业发展，通过平等协作的方式促进教师获得发展，以及通过为教师发展提供技术上的指点以促进教师专业发展的目标。美国开展实践教学的终极目标是促进教师的职业幸福和学生的学业成功。

（2）实践教学内容的研究

美国的实践教学课堂关注“什么是一堂优秀的课”，对课程的设置与课程教学制定了相关标准。从纵向来看，实践教学过程包括教学准备、教学开展、教学实施、教学评价等。从横向来看，实践教学也关注知识的传授、情感的培养、技能的形成，甚至教会学生学会认知、学会做事、学会与人相处、学会生存的能力。美国的课程与教学较多关注实践性元素。美国教师教育专业实践课程包括两方面：一个是教育专业知识课程，贯穿于整个教师培养过程的始终。另一个是教育实习，即在校外与中小学等实践基地合作，使教师成为有能力面对多样化的中小学生进行教学的高质量、高素质的应用型教师。美国实践教学也会涉及与反思性相关的教学内容，实践教学的反思是一个贯穿全程的连续性过程，实践教学的反思内容较为多样，主要涉及焦点小组讨论、反思论文、日志、项目报告、研讨会等内容，主要包括预期性反思、回顾性反思、同期性反思和述职性反思等内容。

（3）实践教学方式的研究

在美国大学课程中，实践教学常以服务学习、海外体验、基于问题学习等形式与课程专业知识的学习无缝连接，大学教师一般先进行理论性的教学，实践项目则作为学生将理论付诸实践的机会，通过链接理论与实践促使学生获得对知识的理解和对社会的认识，充分体现实践教学的学习是一个不断进行输入与输出的过程。此外，美国教师教育机构还运用“实验室培养法、案例法、绩效评价法、实践者研究法”，四种教学方式提升师范生在实践中学习、探究、反思的能力。美国高校实践教学项目经常采用团队合作的方式来开展实践教学工作，教师会定期安排学生分小组进行讨论，这样有利于学生彼此进行信息分享，进行有效的体验与反思。在小组间的会议或讨论中，学生间相互启发，可对自己未知的内容有新的认识。教师间、学生间、教师与学生间、学校与社会组织间都需要进行有效的沟通与协作，形成广泛意义上的合作。美国高校实践教学还需要学生进行主动学习，主动学习是本科生教育的主要原则，实践是主动学习的重要方式，实践项目能让学生通过自身的主动学习、计划、思考和实施来完成任务，并对完成情况进行自我评估和反思。英国政府的教育改革计划为“以学校为基地，通过大学与中小学之间建立伙伴关系来培训教师”。这为我国实现高校—政府—中小学间的协作联盟提供了发展经验。

（4）实践教学模式的研究

国外实践教学实习模式大多集中于研究加拿大 CBE 模式。20 世纪初，美国著名心理学家布鲁姆提出学习要以掌控为前提，强调教学反馈和反思，“二战”期间加拿大皇家经济开发中心在此理论基础上提出以能力为核心的实践教育模式（competency-based education），简称 CBE，北美的能力本位课程和分层技能培训课程亦是以能力为教学本位的代表。CBE 模式主要分为四个阶段：DACUM 图表的职业分析、学习资源包的使用、实践教学的组织与管理和综合性教学评价。而美国传统的见习与实习模式是“先让学生修读一批与实践相脱节的课程，然后在毕业前让学生进行短暂的实习，而实习与前面修读的课程也无关联”。但这种模式造成师范生理论学习与实践锻炼的脱节，所以，美国相关“教师教育机构设置了‘课程与实习交织进行’的实习模式，这种模式在时间上和内容上均体现出‘交织性’，即在大学课堂上所介绍的有关教学、学习的内容与中小学教学实践的关联性”。有效地提升了实践教学的质量。

（5）实践教学评估的研究

美国实践教学评估比较注重全程评估。实践教学的评估非常复杂，评估内容和评估方式相对于正式教学的评估更具挑战性，实践教学的评估不仅包括对最终能力和成绩结果的评估，也涉及对学习全程的评估。另外，美国高校的各方面人员均对评估结果感兴趣。教授们关心学生是否将课堂理论应用到实践，学生们关心实践体验是否可有效提升自身对专业课的认知和理解能力，行政人员关心认证机构如何看待这项实践活动，教辅人员关心实践活动的制定过程是否符合规范，社区机构关心学生的参与是否影响到客户。在实践教学评估过程中，美国教师较为关注对学习全程的评估，一般分为之前、之中、之后三个阶段进行评估，在进行实践实习之前，教师通过问卷测量或是访谈来了解学生的态度。在实践过程中，教师通过学生的个人反思与总结来了解学生的动态。在完成实践项目后，教师会再次以问卷、访谈等形式来了解学生的思想与态度变化。

在实践教学评估过程中，除教师之外，同组同学、职场导师、客户也会对学生的学习成果、能力、贡献进行打分或是提供信息反馈，他们主要提供以下两方面信息：学生在学习体验中的表现以及他们在小组合作中的贡献和表现的能力。另外，学生还要进行自我评估，周期性的以反思日志、小论文、项目陈述等形式进行笔头和口头报告，并对自己的进展进行自我评定。美国高校的实践教学会采用文件夹这类学习工具和评估方式，以便全面记录在实践体验时间内学生成长和学习的具体情况。实践教学的文件夹包含了个人和小组的体验反思部分。文件夹不仅仅收集学生各种学习资料，更是学生结构化反思的展示，文件夹的内容包含了学生的反思日志、学习随笔、学习合同、研讨会记录、工作日志、期中评估、期末总结、项目报告书等内容，反映了学生的技能发展、态度与价值观的演变过程，这些文件夹不仅可以作为学生的学习工作和学习成果的保存，还可用于认证与评估，既可以满足外部评估的需要，也可以提供教授想知道的关于实践学习对于课程内容学习的促进作用等方面的信息。

综上所述，国外以美国为主的开展实践教学的相关研究主要集中在实践教学目标、实践教学内容、实践教学方式、实践教学模式、实践教学评估等方面。美国在实践教学目标上，注重个人价值的实现和人的全面发展。在实践教学内容上，注重实用性和综合性。在实践教学方式上，注重采用灵活多样的教学方式。在实践教学模式上，注入实践性元素。在实践教学评估上，关注学生发展的全过程，注重学生对自身的反思性发展。这些都对我国高师院校开展实践教学有着借鉴与指导作用。

4.2.1.2 澳大利亚

TAFE（Technical and Further Education）是澳大利亚职业教育培训的缩写，称为新型现代学徒制度。TAFE 模式的核心是“以职业能力为本位”，开设课程具有针对性强、实用性强的特点，课程内容也会结合生产实际及时修订。在学生学习过程中学生在生产一线进行工作本位学习的时间与在学校进行学校本位学习的时间比例为 8∶2。同时，TAFE 要求专职老师要定期要进入企业或行业内进行专业岗位的实践，让他们要时刻关注产业界的动态。

TAFE 学院课程是 TAFE 体系的重要内容和鲜明特点。TAFE 学院课程注重行业能力标准、技能培训，以市场需求为导向而设计出的符合澳大利亚框架体系的科目聚合体。TAFE 学院的课程有不同的科目和时间要求，这些要求由澳大利亚国家各相关产业培训理事会和其他顾问咨询组织依据产业标准和市场需求制定。由于 TAFE 课程必须获得职业教育与培训认证机构的注册和认证，学生在修完 TAFE 课程后就可以获得澳大利亚统一制定的资格证书或文凭证书。如皇家墨尔本理工大学 TAFE 课程教学大纲规范统一，主要内容包括课程信息及 TAFE 对执行该课程要求两方面。TAFE 每年能够提供数以千计的职业和非职业课程，这些课程大多是根据社会经济和商业生活发展的需要而设计的，非常实用。TAFE 的课程，不仅是由教育决策单位设计，工商企业界也同时参与设计课程，所以其课程可以提供学生未来就业所学的知识与技能。对于国内的三校生来说，在原有专业的基础上，选一个和自己有关的 TAFE 课程，学成之后，拿到 TAFE 文凭可以直接进入每个行业当中大显身手，TAFE 的一大优势就在于此。

（1）课程设置

①课程设置以实践课为主。现以皇家墨尔本理工大学 TAFE 学院建筑工程技术专业为例做课程介绍。该专业实践教学分为三个环节：基础实践、专业实践和综合实践。基础实践包括认识实习、识图实训、公益劳动和通识教育其他课程中的实践环节，培养学生的基本素质和基本职业能力；专业实践包括专业教育中的课程实践和采用集中实训的项目，主要培养学生的单项技能和岗位能力；综合实践包括专业综合实训、顶岗实习及答辩和综合素质教育课程实践，使学生在通过各种活动及按照施工工序把所学单点知识和技能进一步串接起来，建立有效联

系，整体把握应用；同时采用任务驱动、项目导向、第二课堂、社团活动等教学模式培养学生的综合素质和综合职业能力，并获取与职业能力相匹配的职业资格证书，实现零距离就业。通过这三个逐层递进的实训环节的实施使学生把建筑施工基本理论知识和实际操作技能相互融通，为从事施工员或相关岗位群的工作奠定良好基础。以“任务驱动”模式为主线，把当前实践中需要的技术能力和要求融入实践教学中，安排的实践教学内容与实际工程相结合，必要时到施工现场进行实践教学，通过完成一项任务考核一项任务这样环环相扣来检验学生的综合素质和技术技能能力。TAFE 学院除了开设全澳大利亚统一规定的证书课程、文凭外，还开设诸如进修课程、就业前职业技术培训课程及成人教育课程等，完成这些课程的学员可以获得结业证书。此外，学院还为农民、城镇居民、移民以及长期失业青年开设就业或再就业课程，对那些平时不具备学习条件的人员，学院还开设远程教育课程，为他们带来极大便利。TAFE 学院的课程以就业为靶向，尽可能依据产业需要，注重实践能力的培养，强化职业关键能力建设，并根据变化的情况迅速进行调整。

TAFE 学院严格依照国家统一的证书制度和行业能力标准进行课程设置。国家行业顾问咨询组织会依据行业和劳动力市场情况对课程所需课时、课程种类和模块组合进行研究确定。比如，国家行业协会设计和统一制定服装设计技术文凭课程设置标准，其能随着行业的动态发展对课程进行调整，确保培养的学生适应社会需要。

②课程设置实用性强。TAFE 学院的课程设置以社会和市场需求为导向，瞄准岗位需求，不仅注重对学生技能的培养，还为学生的未来发展提供进一步可能。TAFE 学院在开设任何一门课程前，都必须进行先期的市场调查。一般来说，课程必须符合以下几个条件：一是学生感兴趣；二是行业、企业急需课程；三是政府和行业机构有规划；四是场地、师资、设备等许可。根据有关皇家墨尔本理工大学 TAFE 培训建筑工程技术专业课程表可以看出，TAFE 学院的课程开发的指导思想是以行业所需职业能力为标准，旨在培养学生的动手职业能力，具体表现以下几方面。

a. 以行业需要为课程开发的出发点。皇家墨尔本理工大学 TAFE 以行业的需要作为课程开发的出发点，组织相关行业的专家组成课程开发委员会，深入研究行业的需求情况，以此决定开发的课程。此外，由企业代表组成的校一级的董事会也会对课程开发及课程设置提出意见和建议。在设置课程之前，还要咨询相关企业的专家，依据企业变化的需求对课程进行规划和设置。

b. 课程开发以行业能力标准为基础。TAFE 学院课程开发依据能力标准制定培训包，这种培训包强调实践能力的培养；同时，根据行业能力的需求，学院还不断调整培训包，以此制定符合需求的课程教学大纲，确保培训出的学员真正适应行业的发展。

c. 学院课程经行业企业审核。学院开设某一课程并非由自己决定，必须先经过行业的许可。全国行业培训委员会对该行业的人才需求与该课程进行比对，而后由行业组织审核把关，包括学时分配和课程内容等。学院对制定好的课程标准要依据变化的情况随时组织修订，行业企业代表的意见是很重要的参考。

正因为 TAFE 学院以行业需求为导向优化课程设置，注重学生实践能力的培养，大大激发了学生的学习兴趣，学生对各种工作环境具有很强的适应性，许多毕业学员成为优秀的职业人，成为通行国内和国际舞台的高素质职业人才。此外，TAFE 学院还提供了许多诸如大学预科、英语语言、TAFE 证书、本科学位、文凭课程以及职业方向的博士课程，确保学生能够多重选择，在学术和职业技能之间灵活转换，提供了更多发展可能。

（2）师资队伍建设

①重视教师实践指导能力。专任职业教育师资必须具有一专多能，除了拥有本专业丰富的知识理论外，还必须具有特殊教育能力、编写教学计划的能力、环境教育能力及指导学生实践的能力。这还不够，还必须与时俱进，根据澳大利亚政府的要求，经常参加新技能的培训，经常参与企业实践和培训，以适应新技术新业态的发展需要。

澳大利亚质量培训框架对此十分严格，规定若培训机构不落实师资队伍建设要求，国家将不予下拨经费。TAFE 学院在这方面作出了典范，规定无论是专职还是兼职教师，都必须具有相关行业工作经历，以此激励教师多参加企业培训，把学习贯彻生涯始终。专职教师有两周以上的带薪培训期，可以到企业接受相关培训，培训的费用也由学院报销。还有一种方式，即校企合作模式，企业提供培训基地，学校提供教材和师资力量。TAFE 学院还规定，教师必须加入一种或多种相关行业或专业的委员会，随时保证自己处于该行业和市场发展前沿。皇家墨尔本理工大学 TAFE 学院教师主要有两级，一是首席教师，另外一种是普通教师。

前者主要负责制定教学安排；后者主要负责编写教材，进行实训的指导及教学的资源开发。TAFE 学院的教师在课程开发和教学过程中，并非需要完全依照培训包标准，也有一定的自由度，可以因时因人因地采取不同的教学方法和内容。比如，学生在企业中实训时，主要由相关企业安排负责，教师不进行具体指导，只是通过网络系统对学生的实习情况进行跟踪，发现问题及时进行有针对性的指导。

②严格的教师任职资格制度。TAFE 学院要求专职教师必须具有教师和职业资格，且至少有三年相关行业岗位经历，这样的目的很明确，就是确保教师对该行业的基本情况比较熟悉。专职教师每年还必须去企业接受实践培训和锻炼，不断提高教学实践水平和能力。TAFE 学院的教师招聘有严格的要求和程序，成立专门的专家小组进行教师选拔。特别是对专职教师，必须具有三年以上行业工作经历，拥有四级以上的资格证书，必须获得教师资格证及学士学位，由此可以看出，学院的专职教师既有丰富的专业技术知识还有熟练的教法知识和技能，因此大学应届毕业生是不能直接进入学院从事教学工作的。

TAFE 学院的教师选聘有一套严格程序。首先提出聘用申请报告，在得到院长和分院院长的许可后，成立专门的选拔委员会，一般由人事部负责人、系主任和从事相关行业但对学院内部情况不甚熟悉的人士（为确保公正同时也保证选取的教师符合要求）等三人组成。确定聘用人员大约需要 2 个月的时间，新教师有一年的教学实习期。

③注重兼职教师培养。TAFE 学院除对专职教师的严格选拔培养外，还非常重视兼职教师的选拔和培养，规定：兼职教师必须在大学里接受相关专业的教育培训，并获得教师职业资格证，此外还需有不低于五年的相关行业工作经验和职业资格证书，由此可以看出，对兼职教师的选拔更为严格。比如，财务管理专业课程教师首先必须是注册财务管理师，在被学院选聘后，必须加入该协会会员并定期参加行业协会的技术交流活动，以适应新形势新情况。专兼职教师成立专门的教师小组，定期召开专业课程研讨会，互相交流教学经验，取长补短，实现专兼职教师的良好互补和交融。尽管兼职教师的学历不一定高，但他们相对来说具有更加丰富的从业经验、实践能力，能更好地弥补专职教师某些方面的不足。目前，学院有将近三分之二的兼职教师。

兼职教师一般来自行业企业的专业技术岗位，具有丰富的工作经验，熟练掌握相关行业技能，了解行业最新信息，但没有接受师范相关教育，因此，往往需要额外接受教师技能培训，以适应教育教学需要。TAFE 学院师资队伍的一大特色就是专职教师越来越少，聘用的兼职教师越来越多，这样做有一个明显的好处，就是教师的积极性和主动性会大大提高，时刻注意提高自己的能力和水平。

当然，专职教师的减少也与政府投入有很大的关系。20 世纪 90 年代，政府投入削减，专职教师的招录出现了困难，为应对这一困境，学院大量招聘兼职教师以解决师资力量上的缺乏。TAFE 学院招聘兼职教师注重的是实践能力，其任职标准可以概括为经验、资格及能力。经验指的是要有五年以上专业工作经验，资格是指有相应的专业技术资格，能力指有较强的现场实践操作的能力。当然，注重实践能力并非唯一要求，作为教师，当然还必须具备一定的教育教学能力，接受一定时期的师范教育，以满足教学岗位需要。很显然，专兼职教师互融共通，对学院的教学有明显的促进作用，但专兼职教师的比例还不十分合理，学院正着手研究确定恰当的比例，优化专兼职教师的配置。

④教师积极参与企业培训。TAFE 学院教师积极参与企业相关培训，可以追踪行业发展动态，了解最新进展；还可以反哺教学，为教学提供最新的技术和行业经验，与此同时，学院与企业之间的联系也更加紧密，促进了校企之间的合作交流。行业企业在 TAFE 学院的师资培训培养方面做了大量工作，大大提高了教师队伍的能力素质。行业企业参与 TAFE 学院教师的聘用和选拔工作，定期为学院教师提供生产实践的平台，同时，一批技能专家还被选派到学院进行讲学或者担任兼职教师。除此之外，企业的培训咨询委员会和其他相关机构为教师的培训进修学习等方面发挥了重要的信息参考作用。

TAFE 学院针对教师的培训主要有两种：职前培训和在职培训。职前培训，顾名思义，指的是教师入职前的培训，主要由大学或培训机构负责进行。主要帮助教师掌握师范教育教学相关知识理论和技能，以适应教学岗位需要。新教师一般要在经历了为期一年的培训后，须参加教育部门和 TAFE 学院的全面考核并获得教师职业资格证。在职培训主要有两种方式，一是大学或劳动部门的培训中心对教师进行学历或教师职业资格的培训，教师可以根据自身需求选择相应的培训课程；另一种是行业企业安排的培训，主要是进入企业参加技术实践，了解行业发展动态，提高实践操作技能，往往不少于两周。

政府也十分重视教师培训，每年拨出专款用于教师培训。TAFE 学院也大力鼓励教师勇于走出去，多参与学习交流，包括不同文化之间、不同国家之间的交流，帮助教师充实教学履历，鼓舞教学研究，还通过发放奖金或安排带薪休假的方式对优秀的教师和团队给予奖励。TAFE 学院还凭借丰富的信息资源促进教师的教育培训，比如在线网络课程、图书在线系统、澳大利亚职业教育和培训网站、免费的教育期刊等，极大丰富了教师学习培训方式，促进了教师专业能力和素养的提高。

（3）校企合作

①企业分担人才培养成本。企业参与员工职业培训项目。在澳大利亚，校企合作模式比较广泛，这与政府的大力支持密不可分。1974 年，政府颁布的《坎甘报告》就明确学历教育要与岗位培训结合，校企合作以制度的形式得以确立。1985 年颁布的《柯尔比报告》建立了校企合作的培训体系，明确了正规脱产培训和工厂实习两个环节。2015 年《培训保障法》对资金投入进行了明确规定，雇主的年收入若超过 22.6 万元，必须将工资预算的 1.5% 用于培训员工的职业技能。该法律对行业和企业对员工的培训责任和对培训机构的选择权进行了确定。企业依照法律规定，纷纷加大员工技能培训的投入，企业雇员的培训一般采取招投标的方式进行，首先由企业提出培训要求和相关目标，培训学校或机构，如 TAFE 学院，将派出专门教师与企业进行具体研讨并制定相应的培训计划安排；与此同时，行业企业还需对学院的实践教学基地加大投入，添置更新设备，投入资金保障教学培训需要。

企业提供师资培养。企业拥有一批实践方面的技能专家，为充分发挥企业人才优势，企业鼓励他们到学院开展专题辅导、现场指导甚至做兼职教师，以尽可能放大人才效益。与此同时，企业还充分创造条件，接纳学院专兼职教师来企业参加进修或实地学习，让他们了解企业发展前沿。另外，企业的培训咨询委员会和相关机构还定期不定期为教师开班研讨或交流创造条件，拓宽了教师视野，提高了教师队伍素质。

行业企业还大力支持学院实训基地建设，主要通过投资和捐献旧设备等方式，此外，有些企业还将最新的设备投入到基地建设中，并经常更新，用最新的知识和技能装备员工，也为学院的学生实训提供了极好的硬件条件。TAFE 学院的学生实习一般采用以下方式：实训基地培训、企业专家指导和企业实训等。学生在企业实习过程中，学院教师一般不参与具体指导，而是由企业师傅进行培训，教师的作用就是负责了解情况、监督并解决相关问题。这种校企合作模式很好地实现了学院与社会需求的衔接，培养的学生一旦到了社会即插即用，几乎没有过渡期和转换期。

②企业参与课程开发。1992 年，澳大利亚颁布了依据 TAFE 培训包开发职业培训课程的规定，TAFE 学院把课程开发作为进一步服务联系社会的支点，积极与本地的行业企业密切沟通协调配合，严格按照澳大利亚行业培训顾问委员会所制定的、经国家培训局认可后颁发的 TAFE 培训包开发课程，以适应行业发展最新需要。TAFE 学院在遵循教育教学规律、培训包标准的前提下，依照企业确定的人才需求，与企业共同制定课程教学计划及人才培养目标，确保培养的毕业学员始终符合市场的需要。在教学过程中，企业也积极参与，将企业文化、技术等融入人才培养进程，同时，还大力支持技术专家深入课堂一线传授技能，培训师资，大大密切了与学院的合作；为加强教学督查指导，学院还会组织企业相关专家、主管或经理成立专业指导。正因为 TAFE 学院以行业需求为导向优化课程设置，注重学生实践能力的培养，大大激发了学生的学习兴趣，学生对各种工作环境具有很强的适应性，许多毕业学员成为优秀的职业人，成为通行国内和国际舞台的高素质职业人才。此外，TAFE 学院还提供了许多诸如大学预科、英语语言、TAFE 证书、本科学位、文凭课程以及职业方向的博士课程，确保学生能够多重选择，在学术和职业技能之间灵活转换，提供了更多发展可能。

（4）资金来源

①联邦政府和州政府的拨款。TAFE 学院的办学经费主要由政府和行业企业资助，其中一半以上由州政府和联邦政府提供。政府负担的经费中，联邦政府约占三分之一，其他三分之二由州政府负担，州政府按照学院学生人数以及开设的课程多少按照一定标准拨付给学院。联邦政府的拨款采取的是商业化拨款模式，通过“购买”学院每年的“教育产品”的方式进行。具体说来，政府首先依据社会发展和行业实际需求，制定职业教育培训指南，各学院根据实际情况制订培训计划，最后由联邦政府审核，确定培训计划是否符合指南精神、是否符合行业需求、是否达到要求的培训效果，以此确定是否购买学院的某个培训项目，如果确定购买，则采用培训项目招投标的方式进行。

近些年，澳大利亚政府对办学经费的投入逐年增长。通常情况下，办学经费主要来自于澳大利亚联邦政府、州政府、企业和学员。其中各级政府的投入占大头，以皇家墨尔本理工大学 TAFE 学院所在的维多利亚州为例，联邦政府投入约占 17%，州政府占 45%，此外，学生的学费、贸易补助和其他收入分别占 4%、2% 和 4%。2005 年，为缓解人手不足，维多利亚州为学院提供了 10 亿多澳元雇用 10200 名全日制正式员工为 TAFE 学院服务，此外还每年拨出 6.4 亿澳元用于支付学生面授课时费用。政府投入分为两类，一是联邦政府的投入，另一是州政府和地方政府的投入。这两者是 TAFE 办学经费的主要来源，总合超过总经费的 50%，其中州政府占绝大部分。

②行业企业投资。TAFE 学院主动接纳行业培训，依靠培训取得收入。澳大利亚政府颁布法律规定，企业必须拨出工资总额大约 5% 用于员工的培训，否则将受到严惩。企业提出专门培训要求，TAFE 学院主动协调对接，一般通过招投标方式参与企业培训，保证了部分资金来源。企业对劳动者的知识和技能十分看重，培训就是投资的理念已经深入行业企业灵魂。每年各企业用于各种形式的培训费用大约 25 亿澳元。行业企业资助学院的方式还有许多种。比如向 TAFE 学院单独拨出资金，为一些特殊的行业培训专职人员，如国防部门和能源部门等；通过奖学金的形式资助学院学生，如新南威尔士州 2000 年就公布了 21 种奖学金；比如投资建设实训基地或接纳学生实习；为 TAFE 学院建立全国范围的模拟实训公司网络等。

③学生学费。学生的学费也是学院资金来源的重要方式。学费主要分两种，一种是本地学生缴纳，另一种是留学生缴纳，费用一般比较高。学费因专业而有所不同。大致可以分为三种：一种是全额缴纳；第二种是每年交纳 500 澳元以上，余额毕业后分年交齐，前两种方式可以享受 25% 的优惠；最后一种是贷款方式，由政府贴息，一般还款期限为 15 年，贷款的偿还与学生就业薪金挂钩。每名学生每年缴纳的学费大约 2500 澳元，约占培养成本的五分之一。但缴纳的学费并不是直接拨付给学校，而是由税务部门上交给政府，根据不同情形返还给学校。为了筹措更多经费，澳大利亚大力发展留学生教育，借助雄厚的高职教育实力以及政府的大力支持和宣传，澳大利亚留学生数量连年攀升，2016 年到澳大利亚留学签证的有 97300 人，2017 年就跃升到 113000 人。澳大利亚政府对留学生制定了最低收费标准，每名海外留学生每年需缴纳约 1 万澳元学费，这为澳大利亚赚取了大量外汇，已经成为政府的一项重要产业。仅 2016 年，维多利亚州就从 2.4 万名留学生身上获取学费和开支费用达到 5 亿多澳元。

TAFE 是世界上最先进的职业教育体系，经过一个世纪的发展和完善，针对职业教育的特征及社会效果进行了不断的调整改变，设置的专业非常精细，多达 1500 种，密切地贴合了社会各行各业的需求，并且和行业合作，经过不断的调研从而能够使学生达到“毕业即就业”。这一点对于社会而言意义重大。随着科技革命、经济全球化的深入发展，以及教育结构改革的相对滞后，世界各国都不同程度的出现了相对劳动力过剩的情况，所谓相对就是在一些基础性技术性行业，人才远远达不到社会发展所需要的数量，“蓝领”“灰领”的社会需求一直十分强烈。“技工荒”的现象在我国沿海发达城市也存在已久，但是另一方面，却有大量的高校毕业生以及没有机会进入高校学习的年轻人流失于社会，因为找不到适合自己的岗位而无法就业。在这样的人才断层中，职业教育对于社会的重要性就十分明显。不同于普通的教育或是高等教育，职业教育生就是以就业为导向，本着为社会提供人才、为人才培养就业技能的双重目标而存在的，但是在我国，由于教育资源的匮乏，高等教育尚且无法满足，遑论职业教育。并且我国的职业教育体系也不完善，因而其社会效果也并没有完全显现出来，职业教育的社会作用长期以来不为人们所认可。在这样的情况下，TAFE 的引进对于我国社会发展来说无异于是一股源头活水，TAFE 经过百年发展检验的完整独特的教育体系可弥补我国职业教育应用少、实践不足、学生能力良莠不齐的缺憾，其多样细致的专业设置紧密的贴合了社会需要，使得学生学习更加专业化、培养更为深刻透彻，能够更好的渗透到社会的急需行业中去，成为其中技术过硬的人才。

4.2.2 国内典型高校实践教学体系构建经验

本书选取了在实践教学体系建设方面理念超前、做法先进、成果丰硕且在国内具有较大影响力的应用型本科院校齐齐哈尔工程学院为实证研究。齐齐哈尔工程学院在人才培养目标、专业建设组织形式、工程实践教学、学生法人企业培育等实践教学方面取得了显著的成绩。通过实证研究为应用型本科院校进一步优化实践教学培养应用型人才提供重要的理论支持，也为同类院校提供了可借鉴的经验。

4.2.2.1 “教学做合一”完善实践教学模式

“教学做合一”源自杜威“做中学”的教育思想，即在学习理论的同时，加强教学活动的实施。这种教学思想对于学生操作技能的培养和训练是非常受用的，符合应用型本科院校对应用型人才的培养需求。受“做中学”思想的影响，国内外院校出现了不同的工学结合模式，从本质上看，都是将教学与生产结合，理论与实践统一。

（1）“实践先行”确立实践教学的主体地位

实践是认知的来源，是提高学生专业技能，提升应用型本科院校毕业生应用能力和实践能力水平的重要手段。齐齐哈尔工程学院遵循“实践第一”的原则，以实践教学为起点，实施理论教学与实践教学四次循环，实现应用能力螺旋式上升。新生入学的第一课即从认识专业行业的实践教学开始，大一学年的工程概论课程设置 10 天的实践教学环节，学生深入具有专业背景的企事业单位开展 3~4 天的专业考察与调研，6~7 天的调查分析与报告，学生分组进行信息查找、小组讨论，完成初步的调研报告，最后以小组陈述报告为主要形式通过教师的考核。每学年 6~8 月设置 7 周的工程实践教学，学生从大一开始就由学院统一安排到校办工厂、专业所属实体公司以及具有一定专业背景的社会工作岗位，实施以带薪为标志的生产应用型顶岗实习，与理论教学形成 4 次循环，持续提升学生应用能力。同时，齐齐哈尔工程学院以各学年核心实践能力标准为主线，强化学生应用能力的形成和发展。按照从技术员到助理工程师，再到工程师的能力发展脉络设计各学年核心实践能力的课程，以理论知识为指导，逐学期、逐学年强化和深化学生应用能力培养。

（2）按照“三化”原则设计实践教学

实用主义者杜威提出了“做中学”理论，贯穿于课程设置、教学方法到教学组织形式、教学过程之中。齐齐哈尔工程学院创新性提出“学中做、做中学、学做合一；手把手、放开手、育巧手、手脑并用”的教育理念，贯彻“面对有差异的学生，设计有差异的课程，实施有差异的教育，实现有差异的发展”的“四差异”教学原则。逐步深化实践教学改革，同时汲取国内外先进的教育理念和实践教学经验，提出了“工作任务课程化，教学任务工程化，工作过程系统化”的“三化”实践教学设计原则。通过对课程任务进行全过程、系统化分析，将所获得的工程任务转化为实践教学课程内容，教师组织学生开发项目、编制项目开发书，组织团队学习。以产业实体公司为基础，构建以设计为主线、以工程训练和工程意识培养及科学研究为依托的课程内容，从而实现“应用性、职业型的创业者”的人才培养目标。

（3）构建“三大平台”实践教学体系

根据“应用性、职业型的创业者”的人才培养目标，齐齐哈尔工程学院构建了以实践教学、实训教学、创新教学三大平台为核心，培养学生实践能力、创新能力、组织协调能力和竞争意识的实践教学体系，满足人才培养的多元化和社会需求的多样性。“三大平台”以工程技术和实践能力培养为主线，培养学生工程意识、工程素养和工程实践能力，注重学思结合、注重知行合一、注重因材施教。通过课内实验、独立实验、课程设计、实习实训、毕业设计等多种形式，确保学生每学年都有相关的实践教学，推动学生从基础到专业、由实践到创新的不断成长。

4.2.2.2 “政校企合作”创新实践教学体制

“政校企合作”是指政府、学校、企业整合各自的教育、科技、人才等资源，为实现发展目标，展开自愿合作。可以通过政府或企业将科研课题委托给学校、共同构筑创新平台、企业在学校设立培训中心等途径实现。通过合作能够满足政府、学校和企业自身发展的需求，促进科技创新、科技成果转化、高校发展及人才培养质量的提高。

“政校企合作”为纽带推进实践教学，以服务地方、培养人才为宗旨，创新实践教学体制。作为地方应用型本科高校，齐齐哈尔工程学院为区域经济社会发展提供决策支持和智力服务，分别与齐齐哈尔市公安局、依安县人民政府、龙沙区人民政府签订“政校合作”协议，根据双方自身资源、优势和需求，确定双方建立长期、稳定、协调的“政校合作”关系。结合学科专业优势建立了以齐齐哈尔工程学院为主体的“再制造技术研发与人才培养协同创新中心”和“文化型养老机构建设与人才培养协同创新中心”。同时，齐齐哈尔工程学院建立近百个相对稳定的创新型校外实习、实训基地，既包括政府和企事业单位，如齐齐哈尔市海关、齐齐哈尔市出入境检验检疫局、齐齐哈尔市第一医院等，又包括大型企业，如齐齐哈尔第二机床厂、中铁十三局集团第四工程有限公司、齐翔建工集团等。齐齐哈尔工程学院发挥创业、创新、创品牌的开拓精神，开创了“专业法人制度”，实现了“政校企合作”的新型模式。在矩阵式扁平化的教学管理组织框架中，本着“围绕市场设置专业，围绕专业办企业，办好企业促专业”，和“开一个专业，办一个实体，兴一份产业，创一个品牌”的专业建设理念，以专业建设为方向，以合资、合作、独资、参股、控股等方式积极参与企业的创办和经营活动。确保办学运行与市场紧密结合，实现了专业建设与行业、市场的有效对接。它不是单纯的资源整合，而是一种稳固的“校企合一”，实现了多层面的校企融合。

“政校企合作”的办学体制是政府、应用型本科院校、企业和社会的多维协作，是学校依托政府支持、立足区域发展、坚守社会责任、面向市场办学的成果。齐齐哈尔工程学院作为立足齐齐哈尔的高等院校，承担着为当地培养实用型高技能人才、服务区域经济发展的责任。在地方政府引领下，学校与企业探索合作之路，在实践中逐步形成了政府搭台、学校唱戏、行业参与、校企合一的良性互动局面，实现了政府、学校、企业三方共赢。

4.2.2.3 “产学研一体”拓宽实践教学渠道

“产学研一体”是产教结合的高级阶段，是办学模式改革和发展的重要尝试，是对产业经济发展规律和教育教学人才培养规律的探索。通过学校与企业共同培养人才，实现生产、教学、研发的有机融合，理论和实践的相互转化和有序提高，满足企业转型升级的需要，有利于人才培养功能上生产、教学、科研的统一。为抓住高校发展与企业需求的联系，找准学校融入市场的最佳切入点，齐齐哈尔工程学院首创“专业法人制度”，专业教研室主任即为专业的法定代表人。“专业法人制度”使教师的责、权、利得到了统一，使“教师治学”的管理理念落到了实处。由专业法定代表人对该专业承担教育责任，行使教育权利，获取相应利益。教育责任包括编制本专业人才培养方案、建立校内外实习实训基地、创办与本专业相关的经济实体等。教育权利包括招生计划权、课程设置权及教学组织权。

“专业法人制度”从顶层设计上解决了谁来实施产学研合作的关键性问题，保障了“产学研一体”教育模式实施的可行性和持续性。专业实体按“自主经营、自负盈亏、自我完善、自我发展”的原则运营。依托“专业法人制度”，齐齐哈尔工程学院各系各专业开办的 21 个公司支撑了 37 个本专科专业。专业实体公司一方面为生存和发展主动寻找和承揽生产经营项目，另一方面也为教学提供应用理论知识解决实际问题的工程项目。专业负责人依托专业实体公司法人的身份，将公司运营中遇到的经营和技术问题转化为学生项目开发、技术应用等创新创业实践内容。例如，针对齐齐哈尔市以装备制造产业为依托并把装备制造业作为主导产业的状况，齐齐哈尔工程学院以“现代化装备制造基地”为依托，积极构建“装备制造业高技能人才培养基地 ”，投入 1000 万元建成了机电类和汽车类两个实习基地的厂房，吸引企业投资 2000 万元建成了 5600 平方米的现代技术加工中心（齐齐哈尔第三机床有限公司）、2600 平方米的北京现代 4S 店、汽车驾驶员培训中心等实训基地，建成了“前校后厂，校企一体化”的实训基地，使校企合作更加紧密，同时为学生提供了真实的实践环境。依托“产学研一体”的优势，让学生“在学中做，产生体验；在做中学，提升认识；工程任务进行全过程、系统化分析，专业将所获得的工程任务转化为实践教学课程内容，教师组织学生开发项目、编制项目开发书，组织团队学习。以产业实体公司为基础，构建以设计为主线、以工程训练和工程意识培养及科学研究为依托的课程内容，从而实现“应用型、职业型的创业者”的人才培养目标。

4.2.2.4　“团队式培育”改革实践教学方法

团队式的教学组织形式是将传统的教学模式改为以学生为主导的教学模式，旨在学生自我学习、自我管理。团队成员通过对话、讨论等展开教学活动，创造激发学生学习的环境，有利于成员之间优势互补、共同进步，同时提高了团队竞争力。齐齐哈尔工程学院采用团队式的教学组织形式，围绕“工程项目”布置学生作业，确保每位学生都能够分摊到任务，得到实践学习机会，进而提高学生的实践动手能力。在团队与团队之间的竞争中，培养了学生善于发现问题、解决问题的能力，能够启发学生运用创新性思维。团队式的教学组织形式也体现了寓教于乐的精神，保证了每位同学都参与到学习中来，使以往厌学甚至逃学的学生在实践学习中找到了学习乐趣，激发出了学生的学习热情，从而提高学生的学习效率。在教与学的过程中，师生之间的互动和交流机会较传统教学模式增多，不仅很好地促进了师生之间的情感交流，也有利于学生个性的全面发展。同时，让学生参与到考核中来，变教师考核学生为学生考核自己，使教师从繁重的教学任务中解放出来，有利于提高教师的工作积极性。这种打破传统，以学生为中心的实践教学组织形式做了很好的前期基础，有利于丰富实践教学成果，从而达到提高教育教学质量的目的。

随着教学方法与手段的改革，学生组建的创业团队也实现了从无到有、从小到大的蜕变，学生创新能力得到了显著提高。近三年累计组建创业团队 849 个，包括物流公司、工程公司、食品公司等各类实体公司，共 4400 人次参与其中。学生创业团队以“企业预备队”的模式开展实践，已完成托管养老院的护理部、承包汽车 4S 店和吉林一汽佳宝生产线等项目，并参与齐齐哈尔市中汇城项目建设、市中心城区街道立面改造、社区文化建设、企业机床再制造等工程，服务地方社会经济发展。学生在团队式学习模式促动下，解决问题的能力、批判性思维能力以及基于数据支持的决策能力等工作能力得到了明显提升。

4.3 基于多元智能理论的实践教学体系构建

多元智能理论自提出以来，在美国和世界各地产生了深远的影响，目前已成为许多国家教育教学改革的重要指导思想。据了解，仅在美国，就有上百所学校归为多元智能实验学校，还有上千所学校以多元智能理论为指导进行教学改革。美国最具权威的 ERCI 教育资料库也将这一理论单独编码，分列条目。美国新闻媒体，如《生活》杂志、《新闻周刊》及《纽约时报》等都曾刊文介绍多元智能理论。所有这些都说明了多元智能理论的巨大影响力。在世界 20 多个国家和地区，有关多元智能的理论研究和实验探索也蓬勃开展。20 世纪 80 年代中期以来，全美许多学校依据多元智能理论进行了积极的实践探索，积累了丰富的经验。这些对于我们进行多元智能理论的进一步研究和我国素质教育的实施有着积极的借鉴意义。借鉴“多元智能理论”，结合应用型本科财务管理专业人才培养目标和经济管理类课程特点，重新审视开展实践教学的目的、实验实训的内容、教学组织形式、教学手段及评价方式，以此来构建实践教学体系。

4.3.1 构建原则

高校学生进行实践学习的重要场所是高校的实训基地和企业的实训基地，校园实训基地是模拟的实训环境，所以在建设时要尽量贴近真实的行业工作环境，模拟企业的职工交往方式，营造专业的工作氛围，借此来培养学生的专业意识和职业素养，所以校园实训基地设施要满足学生的专业实践需求，需要具备一定的针对性、可操作性以及实践性。

4.3.1.1 前瞻性原则

当今的中国经济迅速发展，技术更新迭代周期短，社会对人才的需求和用人单位对应聘者的标准也在不断提高，因此实践教学体系应具有前瞻性。前瞻性是指以应用型本科院校培养应用型人才的现状为起点追踪未来，明确应用型本科院校培养人才的目标，对应用型人才的就业具有前瞻性和预测性，从而更好地设置实践教学内容来做好当下对应用型本科院校学生的培养。同时要考虑到应用型本科院校培养人才与用人单位用人之间具有一定的时间跨度，这就要求应用型本科院校要不断的更新实践教学体系，具有前瞻性地培养学生适应社会发展，对学生的整个职业生涯甚至整个人生负责。所以应用型本科院校必须增强对社会发展的深刻认识，加强与企业的合作，紧跟技术发展的迭代更新，不断完善专业设置，根据现实情况完善课程内容，适时增设新内容，淘汰落后的过时内容，聘请企业一线的专家为讲师，注重学生终身学习意识的培养。

4.3.1.2 目标性原则

实践教学是高校培养应用型人才过程中的重要环节，应用型本科院校必须充分认识到实践教学应处于应用型本科教育内涵的核心地位。人才培养方案中应该清晰提出实践教学的目标，要将实践教学目标和人才培养规格具体细化。依据岗位能力要求来设计实践教学模块，让学生在实践教学过程中不仅仅获得基本的职业技能，更重要的是在实践过程中提升学生的综合能力和培养创新能力。

4.3.1.3 独立性原则

应用型本科院校的办学特点决定了其实践教学具有相对独立性。在应用型本科教育中实践教学和理论教学属于不同的教学类型，应用型本科院校应该改变以往把实践教学看成理论教学附属地位的观念，要树立实践教学与理论教学处于同等重要地位的观念。要在实践教学内容、实践教学方法、实践教学考核等环节有区别于理论教学的环节，应该以学生实践能力培养为中心，形成一套独立的实践教学体系。

4.3.1.4 系统性原则

实践教学各个环节之间应该是相互联系的，在设计实践教学环节时要保证各个环节之间的连续性，使每一个环节紧密联系。应用型本科院校要按照实践教学目标、实践教学内容、实践教学管理、实践教学保障和实践教学评价等方面要求去优化实践教学体系，并明确它们之间的内在联系，让它们相互联系，运用于实践教学的每一个环节之中。

4.3.1.5 实用性原则

应用型本科院校的人才培养目标决定了其实践教学过程中要重点突出实用性，高校必须抓住劳动力市场对应用型人才的需求导向，培养适应社会经济发展所需要的应用型人才。在具体实践教学中就要重视培养学生能够满足具体岗位需求的实用性职业技能，因此学校应该与企业联合为学生创造实践平台，让学生能够参与到企业的实际生产中，这样不仅可以培养学生的实践操作能力，还可以让学生掌握解决实际生产中问题的实用性能力。

4.3.1.6 规范性原则

实践教学环节的实施规范性与否直接决定着实践教学是否能够达到预设的功能目标。因此，应用型本科院校必须根据自身的办学特色构建实践教学体系过程中，结合自身的实际制定相关规章制度来规范实践教学管理、实践教学评价和实践教学保障等环节。确保实践教学的各个环节规范有序地开展，以保证实践教学效果的实现以及学生实践能力和创新能力的培养。

4.3.2 现行财务管理专业实践教学体系的构成

财务管理是一门实践性很强的学科，财务管理基本技能在培养体系中占有非常重要的地位。财务管理基本技能主要是指以财务管理核算的动手能力，而财务管理基本技能的培养是在理论教学的前提下主要依靠实践教学，所以实践教学和技能培养是一致的，实践教学的主要目的就是培养基本技能，实践教学还有对理论教学的验证和深化理解的功能。

各类高校设置的财务管理实践教学体系一般包括以下几部分：

（1）独立实验课程——集中实践

高校财务管理专业一般会开设“财务管理模拟实验”“审计模拟实验”等独立的实验课程，往往采取集中实践教学的方式开展，开设周数长达 3~4 周之久。这种典型的实践教学方式往往容易受到学生们的欢迎，因为一方面学生有了将所学理论运用到实践中去的机会和平台，使感性认识达到相对“高峰值”，另一方面学生在开展模拟实验时可以与同学相互合作，一起学习、交流、切磋和进步。因此，高校大多比较重视这种集中开设的独立实验课程，将其作为主要的实践教学环节。

（2）专项实践

专项实践又叫做内涵式课程实验，是指将一门课程划分为理论和实践两个部分进行讲授。具体来说，是将课程的总学时拆成两个部分，一部分是理论学时，一部分是实验学时。比如，在讲授《财务管理基础》课程的过程中，总学时设为 64 学时，即在教学活动的实施过程中安排 48 学时的讲授“账户、复试记账及运用、凭证、账簿、财务管理报表”等理论内容，安排 16 学时让学生进行“填制与审核凭证、登记账簿、编制财务管理报表”等专项实践活动。当然，在时间方面也可采取“灵活制”原则，可以根据教学互动的需要将内涵式课程实验安排在某章节理论内容讲授完毕之时，也可安排在全部理论内容结束之后。

（3）仿真操作

“仿真操作”常被运用在财务管理专业理论课程的教学中，这也是实践教学形式的一种。这种教学形式有利于学生在接触专业理论知识的同时，通过感性认识更好地理解和掌握理论知识。例如，在讲授《审计学》理论课程的审计工作底稿这一部分内容时，可组织学生使用一份实际工作中真实的审计工作底稿进行“仿真操作”，即由学生采取模拟实践的方式亲自进行填写，以引起学生对审计工作底稿理论内容与实践操作的学习兴趣，使他们在填制真实的审计工作底稿的过程中，加深对审计工作底稿基本要素、编制要求、复合点等内容的认识和理解。采用“仿真操作”的方式不仅使学生可以更形象、更深入地领会审计的基本概念、基本理论和方法，还能够有效提升学生动手、操作、独立解决问题的能力。

（4）直接实践

假期实践和毕业实习作为直接实践的方式在高校财务管理专业的教学计划中大多会有安排。这两种实践形式作为传统的实践教学形式既有共同点又有不同点。二者的共同点是学生将直接接触社会、面对实践工作，走出“象牙塔”，逐渐向“社会人”发展，不同点是假期实践一般情况下是在本科前三年假期开设的，如无特殊安排，一般来说这种实践形式尚不具备在内容上结合较深的财务管理专业的条件，而毕业实习则是一种综合性很强的专业实习，也是毕业上岗之前的必要训练和经历。

（5）综合实践

综合实践一般指论文的写作。在若干财务管理实践教学的形式中，论文的写作对财务管理专业的学生来说并不陌生。在本科学习阶段，学生往往需要完成教师布置的课程论文，且在毕业之前还需要运用所学专业理论知识，结合实践调查撰写完成一篇毕业论文。本科毕业论文是对学生知识能力继续综合实践训练的实践教学，对毕业生分析问题和解决问题能力的培养有十分重要的意义。能够完成一篇主题明确、文献全面、观点创新、论据充分、论证合理而且篇幅不短的本科毕业论文不是一件容易的事情，学生在毕业论文的撰写过程中能够学习如何通过广泛查阅资料确定专业选题，如何将经典和最新的文献处理清晰。同时，在这一过程中最能体现实践精神的是，学生需要搜集和获取数据、案例等与实践活动紧密结合的论据来佐证其提出的新颖观点，这是一项综合的实践训练。

4.3.3 财务管理专业实践教学体系构建优化途径

应用型本科是对学生进行本科层次的职业教育，这种教育区别于普通高职和普通本科教育，培养的是有理论学习能力又能创造性应用，有专业背景又有职业素养的人才，如果将多元智能理论用于应用本科课程体系，由于学生的智能是不以分数论的，承认智能的自然差异就要求实现教育的平等，差别只在教育落脚点。本科层次的职业教育要注重专业与职业的有机统一，不要求精深的学术造诣，而是指层次的提升，即对不断更新的技术理论的学习力提升和创造性的应用理论指导实践的技术提升。其次，从智能倾向上考量，较之抽象思维能力更加善用左脑进行形象思维。相对来说观察智能、运动智能和空间智能是高职学生的强项，在课程设计中要将“做中学”“学中做”辩证结合，在理论与实践的结合中提升应用能力。最后，基于多元智能理论的应用本科教育课程体系建设要实现应用本科教育的办学定位、服务面向定位、人才培养定位，除了进行宏观的制度建设，还要注重基础性环节的研究与建设，在微观课程上，应根据时代要求和区域经济发展不断进行课程体系的调整。

（1）注重课程设计的清晰化

创造性地解决问题是多元智能理论的核心，多元智能视角下应用本科教育的核心，就是要培养学生创造性地转化理论用于攻克新技术难关或是实现新技术向新产品的转化能力。

首先要突出课程设计的专业性。学科、职业、专业的混淆会导致课程设计的莫衷一是，厘清三者关系对于准确把握课程内容和结构尤为重要。对于培养致力学术研究的创新型人才的本科教育而言，课程设计应以学科为导向；对于培养“零距离上岗”的应用型人才的高职教育而言，课程设计应以职业为导向；对于培养能够应变科学技术更新的高素质应用型人才，课程设计应以专业为导向。课程内容所涉及的理论基础知识，基本定位于与行业联系紧密的专门的领域之内，并注重与行业发展的同步更新，这是培养学生的专业能力，使其能够创造性地应用理论指导实践的前提。其次要突出课程设计的情境化。基于多元智能理论的分析，对于擅长形象思维的高职学生来说，富于情境化的课程内容可以取得更好的教学效果。对于现场工程师而言，最佳的情境模拟莫过于行业企业的真实环境。在课程内容的选择与组织上以专业理论知识为基础，多选择工作过程中典型案例进行分析讲解，甚至可以以工作过程为架构构建课程结构，实现专业知识习得与技术技能掌握的同步，利于理论的理解与迁移，也利于智能潜力的释放与发挥。

（2）注重课程目标的动态化

动态的课程目标要以学生为中心。多元智能理论揭示了不同个体间智能差异的存在，各类智能优势在学生中不是平均分布的，要求在课程目标的设置上不能“千人一面”，而要做到“以人为本”和“因材定位”，将学生的可持续发展作为课程设置的目标，并根据学生的成长及时调整。以前文强调的专业能力为例，对于综合素质要求较高的专业技术工程师而言，如何协调专业深度与跨专业广度发展的矛盾，这个答案是因人而异的。工科领域要求人才的技术技能实践能力，对知识面的要求不高，对于这类学生的教学应以专业深度为目标。文科领域对动手能力的要求不突出，但注重理论视野的广阔，对于这类学生的教学就要以跨专业广度为目标。动态的课程目标要体现行业、职业背景，适应社会经济发展。多元智能理论指出对智能的评判是在特定的文化背景中的，设置与社会发展相适应的课程目标才能使培育的智能产生最大的价值。要第一时间了解经济社会发展对高素质应用型人才的需求，就要加大校企合作的深度，从简单的顶岗实习、企业实践深入到考察社会需要的一线工程师在知识结构、能力结构、素质结构上的特点；虽然企业对高校的科研依托较主动，但校方也应主动从科研取向上考察企业需求，进而实时调整完善课程。

（3）注重课程实施的效能化

基于多元智能理论，有效的课程实施是指通过课程内容的教学提升了学生学习新技术、应用新技能、解决新问题的能力，根据区域经济发展和高等职业教育学生的现状，在教学过程中要注意以下三点。

①教学方法的合理运用。目前倡导的现代教学方法是以学生为主体，以教师为主导，传统与现代是相对而言的，对于教育方法的选择应摒弃非此即彼的二元对立模式，而要因时因人制宜。对于专业知识的传授，以教师为主体的讲授可以实现规定时间内的信息量最大化，信息接收后在信息处理阶段，是要实现知识的内化及转化，就要以学生为主体，注重过程思维。合理应用教学方法涉及转变教

学理念。教学要以激发主动性为切入点，引导学生自觉构建理论体系。应用本科培养的人才区别于普通高职的显著特征就是扎实的专业知识基础和过硬的专业理论自学能力，通过对系统的专业知识的独立探索和主动习得，有利于对高科技技术技能应用形成强大理论支撑，也有利于提升学习力以应对行业高速更新的专业理论。教学还要以提高问题解决能力为落脚点，高素质应用型人才最突出的智能优势是解决新问题，这是以知识传授为目的的传统教学方法的短板。在构建知识框架后，教师要通过情景化的教学设计，引导学生逐层分析、解决问题，在“做”中培育团队精神、内化专业知识、整合技术技能，在理论与实践的辩证统一中实现知识与技能的巩固和创新。

②专业理论的转化应用。应用本科教育培养的是学以致用的复合型人才，对于专业知识的学习根本目的在于应用，在课程实施过程中要始终强化理论的应用性并培养学生创造性应用理论指导实践的能力。因此，在课程实施过程中要倾向于职业能力目标、职业素质目标的实现，即在围绕专业特点和定位，选择教学内容时，应倾向于满足行业生产管理一线的实际需求，突出课程与经济社会的对接。对于知识目标而言，理论的概念、推导、发展中“是什么”“为什么”的问题不再是教育重点，而要将知识目标定位为：使学生掌握理论的使用方法，能够创造性地应用理论指导实践，实现从知识本位向素质本位的转变。在教学过程中，可以通过工作过程导向的情境模拟实现既定的教学目标，在培养学生职业素养的同时提升将专业理论转化为应用技术的能力。即在传授专业理论知识时，以系统的工作过程为课程结构，设置生产管理一线的具体情境进行教学，通过与岗位实践密切关联的学习，理解理论的转化，提升运用理论指导实践的能力。

③实践教学的效果强化。应用本科教育的生命力在于培养学生的应用能力，要自觉地将高质量的实践教学贯穿课程实施的全过程，追求实践教学效果的最大化，使学生的实践能力得到质的提升。首先要实现实践教学环节常态化，以“理实一体”为导向，将实践融入专业学习、校企合作、产教融合中，从素质提升与应用能力培养为出发点，做到各教学活动之间的和谐支撑。其次要实现实践教学内容体系化，以认知和教育规律为基本遵循，建设与课程体系相适应的，包括认知实践、基本技能实训、专业核心技能实训、综合实训、岗位技能培训、顶岗实习在内的实践教学内容体系。再次要实现实践教学方式集约化。以专业特点为依据，设置适当的理论教学与实践教学比例。以社会经济发展对专业技术要求为依

据，开设有针对性的实践，提升新理论的综合运用能力，杜绝简单论证或是低层次模仿实践。

（4）注重课程评价的多元化

首先要转变单一向度的评价理念，多元智能理论视角下个体的智能差异是类型或倾向上的不同，而不是层次的差异，因此，我们要抛弃唯知识论的评价方式，构建可以公平反映多元智能发展程度的评价体系。其次在课程评价的过程中，要涵盖多元的评价内容，对知识、能力、素质进行综合考量，侧重对知识应用能力的考察；要采用多元的评价方式，除传统笔试外，还可增加项目考察、作品考核等内容，还可通过情景化模拟，考查学生应用理论解决问题的能力；要选择多元的评价时间，结合期末、期中、平时各节点的成绩综合评定，也便于对学生的发展及时掌握，及时调整课程体系。

应用本科是社会经济发展催生的新事物，在高等教育大众化从规模扩张阶段进入内涵建设阶段之时，高等职业教育也应以社会经济发展需求为导向，培养高质量高素质的应用型人才。

多元智能实验的成效如何，是许多人都非常关注的。来自哈佛大学“零点项目”的两位研究人员敏迪 · 隆哈勃（Mindy Kornhaber）和马拉 · 克雷舍夫斯基（Mara Kreehevsky）对此进行了研究。他们调查了 11 所多元智能实验学校，其评价信息主要来源于对教师、学生和家长的访谈，结果表明：教师、家长和学生都对多元智能实验所取得的效果持肯定态度。教师和校长认为，多元智能实验提高了教学效果，促进了课堂活动的开展。教师还反映，多元智能理论使得他们从更宽广的视野看待学生的智能，更多地关注学生的智能发展；同时也使得他们能够更深刻更全面地认识学生。家长反映，孩子在知识的学习和情感的熏陶上都有进步。他们说，孩子学习成绩上升，自尊感增强，很乐意去学校，即使生病也不愿待在家里。从学生这方面来看，他们对自己的学习感到自豪，充满自信，渴望与他人分享取得的成绩。敏迪 · 隆哈勃及其同事还对全美运用多元智能理论进行实验探索至少三年以上 (含三年) 的 41 所学校进行了定量的调查研究，结果显示，81% 的学校在学科成绩上有所提高，其中 67% 的学校把学科成绩的提高归因于多元智能理论在学校的运用；78% 的学校在标准化测验成绩上有提高，其中 63% 的学校把标准化测验成绩的提高归因于多元智能理论的运用。

第5章 结论与展望

《国家中长期教育改革和发展规划纲要（2010—2020年）》第七章二十二条指出："优化结构办出特色。适应国家和区域经济社会发展需要，建立动态调整机制，不断优化高等教育结构；优化学科专业、类型、层次结构，促进多学科交叉和融合；重点扩大应用型、复合型、技能型人才培养规模。"教育部、国家发改委、财政部印发的《关于引导部分地方普通本科高校向应用型转变的指导意见》中指出："党的十八届五中全会把创新发展作为五大发展理念之一，把创新放在了国家发展的关键地位。要打造中国经济升级版，加速产业转型升级脚步，迫切需要加大应用型人才的培养，促进形成科学完善的教育和人才结构。"因此，应用型本科院校的发展，正是顺应国家这些重大战略发展趋势，使这些转型的普通院校更好地面向地区经济发展需要培养应用型人才，进一步为了全面提高学生的实践能力、岗位竞争力、创新能力，为学生未来职业生涯做好充分准备，使高等教育继续为经济社会和学生未来的发展创造更大价值。

2014年李克强总理在夏季达沃斯论坛首次提出"大众创业、万众创新"，即"双创"。2015年国务院发布《关于深化高等学校创新创业教育改革的实施意见》指出应深化高等学校创新创业教育改革解决高校创新创业教育理念滞后、与专业教育及实践教学脱节等问题。教育部发布的《教育部关于做好"本科教学工程"国家级大学生创新创业训练计划实施工作的通知》文件强调，创新创业实践教学基地是当前高等院校创新型人才培养新模式改革中的重要探索内容，通过整合现有学生创新实践资源，丰富创新教育内涵从而全面提高人才培养质量。2017年《国家教育事业发展"十三五"规划》中明确提出将实践教学作为深化教学改革的关键环节，注重增强学生实践体验，强化实验、实训、实习环节。

在双创时代背景下，应用型本科院校作为一种新兴的本科院校，它的人才培养目标不仅局限于培养学生获得一定的基础知识，还须教会学生一定的实践技能。而在这样的形势下传统的实践教学模式已展现出了严重的局限性：不能全面锻炼学生的综合能力、实践课程与就业脱节等。这需要转型后的各个应用型本科院校将办学定位落实到各项措施上，比如教学科研、人才培养、服务社会、管理工作、质量保障等方面要有一个科学准确的定位。这其中实践教学作为应用型人才培养过程中的关键环节，将会起到举足轻重的作用。高等教育既要鼓励学生创新创业，更要把握和思考高等教育的目标和功能，改变唯分数论、扭转刻板规训的教学传统，形成明晰创新精神的顶层设计；要更新高校教育理念，改进与完善教学方法。

综上所述，本书正是在贯彻落实国家政策方针的基础上，结合我国劳动力市场对应用型人才需求特点，以及创新创业背景下实践教学在应用型本科院校的应用型人才培养过程中所起的重要作用。对高校创新创业背景下应用型本科院校的实践教学体系进行深入研究，在遵循客观事实的基础上，通过文献分析与问卷调查、访谈和案例分析等理论与实践相结合的方法，对目前应用型本科院校的实践教学的实际情况进行了调研，分析、总结了实践教学过程中出现的普遍问题，为应用型本科院校实践教学体系的优化对策建议提供了准确的依据。通过立足应用型本科院校，以全面提升学生的实践能力为出发点，优化实践教学体系，以提高人才培养质量，增强学生就业的核心竞争能力，并为应用型本科院校的可持续发展提供内在动力。

目前，随着国家政策引导地方高校向应用型本科教育转型发展的进程进一步推进，高校原有的实践教学体系已经不能满足转型后学校的人才培养目标。本书力求以创新创业为时代背景，在以往的研究基础之上分析了国内外实践教学体系的研究现状，其中国外研究现状从概念与内涵、实践教学模式、实践教学改革策略三个方面进行分析；国内研究现状通过对国内关于实践教学教学体系的探究，分析了现有践行的各个高校具有代表性的实践教学体系以及优化建议。在分析现状的基础上厘清实践教学体系的理论内涵，着重分析了系统理论以及多元智能理论，并以多元智能为理论基础以财务管理专业为例分析双创时代下应用型本科高校实践教学体系运行现状，进而围绕多元智能理论以财务管理专业为例构建应用型本科实践教学体系。首先通过问卷调查数据分析了双创时代下应用型本科高校财务管理专业实践教学效果影响因素分析，通过因子分析法得出两个公因子——教学主体和教学客体，而教学客体又分为教师因素和学校因素，深入分析两个公因子的影响因素；其次对于国内外典型高校实践教学体系构建经验进行总结，以此进行借鉴构建基于多元智能理论的实践教学体系。

通过以上分析为应用型本科院校立足地方，办出特色，适应劳动力市场需求的应用型人才培养目标，提出了实践教学体系的优化对策建议，对应用型本科院校实践教学体系的优化推动了实践教学体系的创新和发展，丰富了应用型本科实践教学学术体系。

随着我国经济发展进入新常态，人才供给与需求关系深刻变化，尤其是在创新创业政策导向下，地方普通高校向应用型本科转型发展趋势的进一步深化，作为应用型本科院校应当改变传统的教育思想，积极构建科学、完善的实践教学体系来保障应用型人才的培养。

（1）结合创新创业的实践教学是培养应用型人才的最好途径

为了适应社会发展的需求，高校就必须培养出具有相应创新创业的意识以及具有相关的实践操作能力的人才。中国大部分地方院校对财务管理专业学生的教育和培养在实践能力方面还很欠缺。这导致了大多学生空有理论知识但对于实践操作没有足够的能力，步入社会之后没有足够同他人竞争的能力。财会专业是实践能力和操作能力较强的专业，各个环节都要进行过亲身实践才能真正了解，才可以把理论知识和实际相结合。所以只有对应用型高校财务管理专业实践教学体系进行改革，在实践中培养学生的创新创业意识和能力，才能使高校的应用型人才的培养目的真正实现。

（2）构建实践教学体系是学生实现创新创业能力培养的基础

应用型高校财会专业进行实践教学体系的改革是为了提高学生的实践操作能力和创新创业能力，改变学生在步入社会后因实践能力不足而面临的各种问题。在应用型人才的培养中，学生的创新能力是创业得以实现的前提条件。只有在实践中不断地锻炼自己，培养正确的创业意识，创业创新的能力才能得到提高。所以，对财务管理专业实践教学体系的改革是为了给学生的创新创业能力的培养打下基础。在双创背景下，应用型高校对财务管理专业的教学体系进行改革是为了适应现代高校教育理念的需求，能够让高校毕业生步入社会后具备相应的操作能力，不至于手足无措。

（3）有效提高教学质量

实践教学是为了让学生把所学的专业知识通过实践进行检验。学生可以在实践中快速学习和运用财务管理各方面的知识，学会人际关系的沟通技巧，增强解决问题的应变能力，提高自己的就业竞争力。所以，老师也要提高自身的专业知识，通过接触社会提高自己的教学水平和实践能力，丰富教学内容。财务管理专业实践教学体系改革中，只有老师做好课堂教学，关注社会的变化，注意增强学生的实践，才能使学生的能力得到切实的提高，同时也能提高自己的专业素养。

（4）坚持学校与地方共同培养的模式

学校与地方共同培养的模式是培养应用型本科人才的一个重要途径。学校应该围绕本地区的经济建设支柱产业设立相关的专业，从而为本地区经济的发展培养适用的人才。与此同时，学校还应该加强与本地区政府之间的联系，充分利用地方资源为学校建立教学基地、科研基地以及毕业生就业基地服务。此外，学校还应该与本地区的企业建立密切的联系，与本地区的企业之间展开全方位的合作。

参考文献

[1] 卢伟 . 关于职业院校创业教育与专业教育融合问题探讨 [J]. 南方农机，2019(3):193，197.

[2] 谢少娜 . 高职院校创新创业教育现状调查及优化策略研究——以黎明职业大学为例 [J]. 常州信息职业技术学院学报，2019(1):5-8.

[3] 李鹏程，罗筑华 . 能力导向的经管类专业实践教学体系研究 [J/OL]. 品牌研究 :1-2[2019-02-11].https://doi.org/10.19373/j.cnki.14-1384/f .20190129.098.

[4] 国清 . 基于创新创业能力培养的工商管理专业实践教学改革研究 [J]. 学周刊，2019(9):8.

[5] 张勇，方东辉，李湘吉 . 创新创业实践教学体系的改革与创新——以吉首大学校政企合作创新创业教育基地为例 [J]. 教育教学论坛，2019(5):81-82.

[6] 宋旭，吴媛 . 以创新创业能力培养为目标的高校实践教学体系构建 [J/OL]. 中国成人教育，2018(24):101-103[2019-02-11].http://kns.cnki.net/kcms/detail/37.1214.G4.20190118.1347.060.html.

[7] 贺图升，刘洋，黎载波，等 . 地方本科院校材料专业实践教学体系构建 [J]. 高教学刊，2019(2):56-58.

[8] 蒋丽萍，龚榆桐 . 地方本科院校创新创业教育体系的探索与实践——以玉林师范学院为例 [J]. 高教学刊，2019(2):41-44.

[9] 陆丽娜，李静 . 创新创业教育与地学深度融合之探索 [J]. 教育教学论坛，2019(3):153-155.

[10] 佟亚辉，马明，吕晓芳，等 . 创新创业教育融入人才培养全过程的路径研究 [J]. 经济研究导刊，2019(2):164-165.

[11] 马妙娟 . 创新创业教育理念在管理财务管理教学改革中的应用探析 [J]. 林区教学，2019(1):42-43.

[12] 王洪立，耿献文，邵洪强，等．基于“双创”能力培养的高校实践教学模式改革与实践 [J]. 高教学刊，2019(1):47-49.

[13] 孙晓铭．如何运用多元智能理论突破高校实践教学困境 [J/OL]. 中国成人教育，2018(23):75-78[2019-02-11].http://kns.cnki.net/kcms/detail/37.1214.G4.20190108.1033.042.html.

[14] 刘举．创新创业视角下高职院校园林专业实践教学 [J]. 农家参谋，2019(1):140.

[15] 薛锋，吕丹．研究型大学理论教学与实践教学的整合优化研究 [J]. 教育教学论坛，2019(1):116-117.

[16] 张月华，高闯，张新贺．基于 OBE 的电子信息工程专业实践教学体系构建 [J]. 中国冶金教育，2018(6):77-79.

[17] 李悦，张凤涛，王锐．以创新创业教育为导向的机械类专业实践教学模式改革与探索——以长春师范大学工程学院为例 [J]. 吉林工程技术师范学院学报，2018，34(12):61-63.

[18] 杨保军．创新创业教育导向的民族院校商科专业实践教学体系构建 [J]. 黑龙江教育学院学报，2018，37(12):51-54.

[19] 崔鹏．国外创新创业教育实践及其启示——基于美、英、德三国比较研究 [J]. 创新与创业教育，2018(6):70-73.

[20] 徐丽军，张芳兵，周韦华．基于地方性大学创新创业教育改革的研究与实践 [J]. 教育现代化，2018，5(52):25-26，53.

[21] 高斌，罗均华，周亮．实践教学融入创新创业教育教学的研究 [J]. 教育现代化，2018，5(52):42-43，72.

[22] 王辉．创新创业视角下高职营销专业实践教学研究 [J]. 文化创新比较研究，2018，2(36):86-87.

[23] 闫杰，朱昌平．民办本科高校创新创业教育研究现状分析与创新能力提升办法研究——以安徽省 15 所民办本科高校为例 [J]. 黄山学院学报，2018(6):131-137.

[24] 王铁军．基于创新创业能力培养的实践教育教学体系改革 [J]. 中国校外教育，2018(36):37-38.

[25] 孙贤斌，张欣，夏韦，等．能力导向的 GIS 跨学科专业创新人才培养模

式和实践研究——以皖西学院为例 [J]. 皖西学院学报，2018，34(6):10-15.

[26] 李淑娴，马廷奇 . 创新创业视域下工程教育人才培养模式改革 [J]. 湖北经济学院学报 (人文社会科学版)，2018，15(12):122-124.

[27] 张雯雯 . 高职院校创新创业教育与专业教育有机融合路径研究——以经贸类专业为例 [J]. 滁州学院学报，2018，20(6):123-126.

[28] 毛德成 . 创新创业能力培养目标下的营销策划课程实践教学研究 [J]. 山东农业工程学院学报，2018，35(12):178-179.

[29] 于贺，白泉 . 基于创新创业教育的高校土木工程专业教育研究 [J]. 教育教学论坛，2018(51):149-150.

[30] 甘昕艳，高翔 . 校企合作实践教学提升中医药院校学生的创新思维——以广西中医药大学为例 [J]. 教育教学论坛，2018(52):101-102.

[31] 徐进，孙晓旭 . 多途径相结合进行大学生科技创新能力锻炼的探索 [J]. 教育教学论坛，2018(51):183-184.

[32] 查腾飞，吴小明，杨柳 . 关于我国创新创业教育教学改革的研究现状和研究趋势分析 [J]. 教育教学论坛，2018(51):223-224.

[33] 钟云飞，谭辉，张传香 . 具有行业特色的三位一体双创能力实践方法研究 [J]. 教育教学论坛，2018(52):147-148.

[34] 薛鸿民 . 转型发展背景下应用型本科高校系统性实践教学体系构建研究 [J]. 当代教育实践与教学研究，2018(12):157-158.

[35] 徐艳兵，李婕 . 创新创业教育实践基地的建设 [J]. 科教文汇 (上旬刊)，2018(12):1-2，14.

[36] 李晓艳，李小燕，郭金丽，等 . 基于创新创业能力培养的果树学研究生教学改革探讨 [J]. 内蒙古农业大学学报 (社会科学版)，2018，20(6):56-59.

[37] 左慧慧 . 商科专业创新创业素质教育的 MERCHANTS 模式探索 [J]. 文化创新比较研究，2018，2(34):121，123.

[38] 杨增和 . 地方高校传媒类专业实践教学体系构建研究 [J]. 湖南科技学院学报，2018，39(12):173-176.

[39] 韩光 . 基于大学生创新创业项目为导向的地方高校实践教学体系研究 [J]. 课程教育研究，2018(48):10-11.

[40] 郭学慧 . 在创新创业背景下依托地区经济的高职电子商务专业教学模式

探讨 [J]. 农家参谋，2018(23):142.

[41] 李晨光，廖明，张永亮，等 . 开展跨学科通识技能训练提升本科生创新创业能力 [J]. 实验技术与管理，2018，35(11):13-16，37.

[42] 江明，徐伟，张朝刚 . 新形势下地方高校大学生工程实践与创新创业基地建设的探索与研究 [J]. 科技与创新，2018(22):7-11.

[43] 周莉莉 .“双创”教育理念下产品设计专业实践教学研究 [J]. 才智，2018(33):149.

[44] 张勤，王会文 . 闽台高校合作办学背景下创新创业型物流专业人才培养研究 [J]. 长江大学学报 (自科版)，2018，15(22):83-86，92.

[45] 刘珍 . 创新创业能力导向的高职财务管理专业人才培养模式探究 [J]. 纳税，2018，12(33):116，119.

[46] 张慧 . 创新创业教育理念在电子商务课程教学改革中的应用 [J]. 通讯世界，2018(11):290-291.

[47] 梅孝安，李科敏，易立华，等 . 地方高校光电类“638”创新创业实践教学体系的构建与实践 [J]. 电子技术，2018，47(11):12-14.

[48] 焦金涛，余文森，阮星，等 . 优化实践教学体系 构建应用型物联网工程专业人才培养模式 [J]. 教育教学论坛，2018(47):150-151.

[49] 佟昕阳 . 众创时代高职院校创新创业人才培养模式研究 [J]. 辽宁高职学报，2018，20(11):78-80.

[50] 余建平 . 基于创新创业实战平台的《投资理财》实践教学改革研究 [J]. 山东纺织经济，2018(11):49-50.

[51] 张晓晶，王丽萍，贾永芹，等 . 基于创新创业能力培养的环境工程专业实践教学模式研究 [J]. 兰州教育学院学报，2018，34(11):138-140，149.

[52] 郭明良，赵岩，王朋 . 电类专业创新创业人才培养模式探讨 [J]. 河南教育 (高教)，2018(11):98-100.

[53] 方燕 . 构建高校微创业实践教学平台 提升创业教育质量 [J]. 人才资源开发，2018(22):35-36.

[54] 孙婷，张雪，王明月，等 . 基于创新创业教育的人才培养研究——以“网络营销”课程立体开放式实践教学体系构建为例 [J]. 中国市场，2018(34):181-182.

[55] 王钦，李昆 . 财经类创新创业课程的教学设计与研究探讨——以南京审计大学为例 [J]. 当代教育理论与实践，2018，10(6):39-44.
[56] 孟大伟 . 高职院校基于项目驱动创新创业教育革新路径的探索 [J]. 黑河学刊，2018(6):173-174，178.
[57] 郭士清，龙泽明，庄宇，等 . 地方应用型高校工科类人才创新创业能力培养探究 [J]. 湖北开放职业学院学报，2018，31(21):1-2，15.
[58] 王婷婷 . 基于多元智能理论视阈的酒店管理专业实践教学探讨 [J]. 中国管理信息化，2018，21(22):200-201.
[59] 李颖，杜洋 . 基于多元智能理论的本科应用型旅游人才培养模式研究——以延安大学为例 [J]. 度假旅游，2018(10):140-141.
[60] 张瑞雪 . 多元智能理论视阈下酒店管理专业实践教学体系研究 [J]. 农家参谋，2018(17):168.
[61] 史建政，修嘉琦 . 基于云计算的高职实践教学平台的构建探析 [J]. 河北职业教育，2018，2(1):66-68.
[62] 张伟芬 . 浅谈多元智能理论与职教财务管理教学 [J]. 职业，2017(34):117-118.
[63] 申明 . 多元智能理论下我国普通高校体育教学模式的构建 [J]. 青少年体育，2017(9):66-67.
[64] 林逸 . 基于多元智能理论的高职"商学结合"教学多元评价模式研究 [J]. 开封教育学院学报，2017，37(4):147-148，165.
[65] 程艳 . 基于多元智能理论的中高职旅游应用型人才培养研究 [D]. 湖南师范大学，2016.
[66] 常大俊 . 多元智能实践教学在民办教学中的应用 [J]. 科技风，2016(18):37.
[67] 俞仲文，刘守义，朱方来，等 . 高等职业技术教育实践教学研究 [M]. 北京：清华大学出版社，2004.
[68] 翟轰 . 高等职业技术教育概述 [M]. 西安：西安电子科技出版社，2002.
[69] 熊彼特 · 约瑟夫 . 经济发展理论 [M]. 何畏，译. 北京：商务印书馆，1990.
[70] 吴国英 . 高校人文社科专业实践教学体系的构建 [M]. 北京：中国社会科学出版社，2010.

[71] 易自力，卢向阳，莫利拉 . 全日制普通高等学校教学全面质量管理实用指南 [M]. 长沙：湖南人民出版社，2006.

[72] 徐琤颖 . 高等职业教育实践教学体系建设研究 [M]. 上海：立信财务管理出版社，2006.

[73] 刘仁坤 . 远程教学模式：理论与实践 [M]. 北京：中央广播电视大学出版社，2009.

[74]STEVENSON，ROBERT. 新企业与创业者 [M]. 高建，等译. 北京：清华大学出版社，2002.

[75]JEFFY A T. New Venture Crestion[M].McGraw-Hill production，Revised Fourth Editon.

[76] 雷家骕，冯宛玲. 高新技术创业管理 [M]. 北京：机械工业出版社，2001.

[77] 张玉利. 创新时代的创业与教育 [N]. 中国教育报，2007-05-08(7).

[78] 严强. 社会发展理论 [M]. 南京：南京大学出版社，1991.